JN436884

향토문화콘텐츠와 도서관

Local Culture Content & Library

노영희
강정아
박찬희
박현주

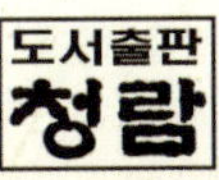

머리말

향토자원은 지역적으로 차별성이 있고, 유·무형을 구분하지 않으며, 각 지역의 향토적 전통성과 고유성을 가진 자원이라 할 수 있다. 향토자원의 특성은 지역성(향토자원이 특정 지역의 역사나 문화, 삶 등에 체화되어 있는 속성), 전통성(지역사회에서 상당한 기간 동안 생활양식, 기술, 생산방식 등에 체화되어 온 역사성), 고유성(다른 지역의 향토자원과는 차별화되어 대체되기 쉽지 않은 지역의 편재성)이라 할 수 있다.

우리나라 제2차도서관종합발전계획에서는 지역공동체 거점으로서 도서관의 역할 증대를 위해 지역공동체 복원을 통해 사회문제 해결방안을 모색함과 동시에 지역의 역사·향토자료 및 콘텐츠 수집·축적, 창조활동 지원을 통해 사회환경의 변화에 따른 도서관의 대응방안을 제시하고 있다.

이는 급속한 산업화 및 자본주의의 부작용으로 발생하는 사회문제 해결방안으로서 지역공동체 복원의 중요성을 부각시키며, 지방자치단체를 중심으로 다양한 '마을만들기' 사업이 추진되는 등 사회환경의 변화에 대응하기 위해 지역의 역사·향토자료 및 콘텐츠의 수집·축적, 창조활동 지원을 제공하는 지역공동체 거점으로의 도서관 역할 증대를 의미한다.

즉, 다양한 요구를 포괄하는 이용자중심의 도서관서비스 확대방안의 하나로 지역 고유 향토문화콘텐츠 수집 및 구축을 제시하고 있다. 이는 지역공동체의 역사와 콘텐츠를 수집·창조·활용함으로써 정체성과 다양성을 강화하기 위해 지역의 이야기를 축적할 수 있는 지역자료, 향토문화콘텐츠 등을 도서관을 중심으로 수집, 분류·보관·연구 그리고 활용하도록 한다는 것이다.

실제로 지역공동체의 역사 및 콘텐츠 수집·창조·활용 등의 측면에서 도서관 중심으로 이루어지고 있는 성공적인 사례들이 거론되고 있는 것을 알 수 있다. 예를 들어 '서울지식정보' 서비스를 통해 서울에 관한 정보·콘텐츠(서울행정, 정책연구, 서울학에 관한 지식 및 정보)를 수집 및 제공하는 서울

도서관이 있고, '향토개항문화자료관'을 운영, 1800년대 후반부터 현재에 이르기까지의 각종 지역 관련 문헌자료와 근·현대 사진자료를 수집·보존하며, 이를 토대로 지역 주민이나 지역사 연구자들에게 제공하고 있는 인천 화도진도서관이 있다. 또한, 부산광역시교육청의 시책에 따라 1998년 2월 향토문화콘텐츠 특성화 도서관으로 지정되어, 향토문화콘텐츠를 수집·제공하고 있는 부산광역시립중앙도서관이 있다. 여수시립도서관도 '지역자료원문서비스'를 통해 지역의 향토, 역사, 문화, 행정, 통계, 문화재·유적유물, 이순신 및 임진왜란 자료 등을 제공하고 있다.

그러나 향토문화콘텐츠나 지역문화자원이 체계적으로 조사 및 구축되어 있지 않기 때문에 자원의 활용도가 낮다고 하며, 적어도 문화자원에 대한 조사는 최소 3년 단위로 수행되어야 한다는 주장이 있다.

이에 본 서에서는 향토문화콘텐츠의 다양한 활용가능성, 향토문화콘텐츠의 효율적인 활용방안, 향토문화콘텐츠의 체계적인 관리방안, 향토문화평가를 위한 자료개발 등에 대해서 간략히 살펴보았다. 또한 향토문화콘텐츠를 수집하여 서비스를 제공하고 있는 도서관들을 집중적으로 조사하였으며, 각각의 도서관의 주소, 전화번호, 홈페이지 등의 일반적인 정보, 도서관 소개, 주요 서비스, 시설 및 소장자료 현황, 관련행사 등에 대해서 조사하였다.

본 서의 발간으로 도서관을 중심으로 한 향토문화콘텐츠의 구축 및 활용이 활성화되기를 바라며, 본 서가 나오기까지 노고를 아끼지 않은 지식콘텐츠연구소의 김혜인 연구원, 신영지 연구원에게 깊은 감사의 마음을 전한다.

2016년의 문턱에서…

노영희

차례

Chapter 1 향토문화콘텐츠 개요

Chapter 2 향토문화콘텐츠 도서관

Chapter 3

향토문화콘텐츠 전시관

향 토 문 화 콘 텐 츠 와 도 서 관

Chapter

1

향토문화콘텐츠 개요

우리나라 제2차 도서관종합발전계획에서는 지역공동체의 거점으로서 도서관의 역할 증대를 위해 지역공동체의 복원을 통해 사회문제의 해결방안을 모색함과 동시에 지역의 역사·향토자료 콘텐츠의 수집·축적, 창조활동 지원을 통해 사회환경의 변화에 따른 도서관의 대응방안을 제시하고 있다.

이는 급속한 산업화 및 자본주의의 부작용으로 발생하는 사회문제 해결방안으로서 지역공동체 복원의 중요성을 부각시키며, 지방자치단체를 중심으로 다양한 '마을 만들기'사업이 추진되는 등 사회환경의 변화에 대응하기 위해 지역의 역사·향토자료 및 콘텐츠의 수집·축적, 창조활동 지원을 제공하는 지역공동체 거점으로서 도서관의 역할 증대를 의미한다.

즉, 다양한 요구를 포괄하는 이용자 중심의 도서관 서비스 확대방안의 하나로 지역 고유 향토문화콘텐츠의 수집 및 구축을 제시하고 있다. 이는 지역공동체의 역사와 콘텐츠를 수집·창조·활용함으로써 정체성과 다양성을 강화하기 위해 지역의 이야기를 축적할 수 있는 지역자료, 향토문화콘텐츠 등을 도서관을 중심으로 수집·분류·보관·연구, 그리고 활용하도록 한다는 것이다.

지역공동체 거점으로서의 도서관 역할 증대

- **지역공동체 복원으로 사회문제 해결방안 모색**
  - 급속한 산업화 및 자본주의의 부작용으로 발생하는 사회문제의 해결방안으로서 지역공동체 복원의 중요성 부각
  - 지방자치단체를 중심으로 다양한 '마을 만들기'사업 추진
    - 서울시, 2017년까지 975개 마을에 북카페, 마을예술창작소, 작은도서관 등 조성·지원
    - 광주시 '시장 속 예술도서관' 조성: 아시아 문화예술 특화거점지구로 육성하기 위해 예술공동작업장, 한 평 갤러리 등 지원
    - 미국 콜럼버스 메트로폴리탄 도서관 비전 'Ready to Read': 독서를 통한 지역민의 커뮤니티 활성화 지원
    - 뉴질랜드 공공도서관, '뉴질랜드 국립도서관 전략방안 2017': 도서관 방문 유인책으로 인터넷 무료이용 환경을 조성, 지역 커뮤니티 활성화에 기여
    - 프랑스 공공도서관, '20세기 공공도서관에서 21세기 미디어테크로의 전환' 발표: 21세기 공공도서관은 지역사회의 커뮤니티 공간으로서 지역문화의 중심적 역할 수행

- **지역의 역사 · 향토자료 및 콘텐츠 수집 · 축적, 창조활동 지원**
  - 서울도서관, '서울지식정보서비스' 운영: 서울 및 서울학에 관련된 정보 · 콘텐츠 제공
  - 인천광역시 화도진도서관, '향토개항문화자료관' 운영: 1800년대 후반 각종 지역 관련 문헌자료와 근 · 현대 사진자료 제공
  - 부산광역시립중앙도서관, 1998년부터 부산지역 향토자료 수집 및 제공
  - 여수시립도서관, 지역의 향토자료와 문화재 및 유적 · 유물, 이순신 및 임진왜란 자료 등의 원문서비스 제공

실제로 2014년 기준 국가도서관통계시스템에 등록된 공공도서관 828개관 중 419개관이 지역공동체의 역사 및 콘텐츠 수집 · 창조 · 활용 사례를 제공하고 있는 것으로 나타났다. 이 중 391개관의 경우 별도의 자료실을 운영하지 않지만, 종합자료실, 보존자료실, 참고자료실, 문학간행물실, 문헌정보실, 일반자료실, 통합자료실, 연속간행물실 내에 일부 자료실을 운영함으로써 향토자료콘텐츠서비스를 제공하고 있는 것으로 나타났으며, 53개관은 별도의 향토자료실, 문학자료실, 향토문학관 등을 운영하는 것으로 나타났다.

이 기관들 중 특히 지역공동체의 역사 및 콘텐츠 수집 · 창조 · 활용 우수 사례로, '서울지식정보'서비스를 통해 서울에 관한 정보 · 콘텐츠(서울행정, 정책연구, 서울학에 관한 지식 및 정보)를 수집 및 제공하는 서울도서관, '향토 · 개항문화자료관'을 운영하며 1800년대 후반부터 현재에 이르기까지의 각종 지역관련 문헌자료와 근현대 사진자료를 수집 · 보존하며, 이를 토대로 지역주민이나 지역사 연구자들에게 제공하고 있는 인천광역시 화도진도서관, 그리고 부산광역시교육청의 시책에 따라 1998년 2월 향토문화콘텐츠 특성화 도서관으로 지정되어 향토문화콘텐츠를 수집 및 제공하고 있는 부산광역시립중앙도서관이 있다. 여수시립도서관도 '지역자료 원문서비스'를 통해 지역의 향토, 역사, 문화, 행정, 통계, 문화재 · 유적 · 유물, 이순신 및 임진왜란 자료 등을 제공하고 있다.

향토문화콘텐츠 용어정의

선행연구와 향토문화콘텐츠 현황을 분석하고자 할 때 명확히 해야 하는 것은 향토문화자원과 지역문화자원의 개념이다. 향토문화와 지역문화로 검색해 보았을 때 하나의 문헌에서 동일하게 사용되거나 지역문화가 향토문화보다 좀 더 포괄적인 개념으로 사용되고 있는 것을 알 수 있다. 우리나라 5개년 종합발전계획 중 도서관 역할 확대를 위한 사업명에서 지역 고유 향토문화콘텐츠 수집 및 콘텐츠화라는 용어를 사용하고 있으므로 본 연구에서는 도서관의 발전방향과 맥락을 같이하여 도서관의 역할을 정립한다는 의미에서 향토자원 또는 향토문화콘텐츠라는 용어를 사용하고자 한다.

1.1 향토자원의 개념

향토자원(local resources)에 대한 개념정의는 학자나 기관에 따라 매우 다양하게 내려지고 있는 것을 알 수 있으며, 사전적인 의미 및 학자들의 주장을 기반으로 정의를 내린다면, 향토자원은 지역적으로 차별성이 있고, 유・무형을 구분하지 않으며, 각 지역의 향토적 전통성과 고유성을 가진 자원이라 할 수 있다.

▌향토자원에 대한 개념정의

정의기관 및 연구자	정의내용
김현호, 한표환 (2004)	향토적 특성이 배태되어 있고 부가가치를 창출할 수 있는 지역 고유의 유・무형의 자산
농림수산식품부 (2010)	향토자원은 지역성과 차별성이 있는 유・무형의 특산제품・기술・문화 등 지역부존자원
김종수, 정해동, 최윤상(2013)	다른 지역과 차별화되는 향토적 전통성과 고유성을 가진 자원으로 시・군・구 지역 내 경제적 부가가치를 창출하거나 잠재력이 있는 모든 자원

김양식(2011)	• 자기 지역 내에 있는 고유한 것 • 우리 선조의 지혜와 생활의 멋이 담겨 있는 다양한 전통문화유산이나 각 지역의 고유산물 등을 현실사회에 맞게 재창조한 유·무형의 자산
문헌정보학 용어사전	도서관에 위치한 특정 지역에 관한 도서, 지도, 삽도 및 기타 자료 일체로 도서관이 소재하고 있는 그 지역에 관한 자료 및 그 지역에서 출판되는 단행본, 신문, 잡지, 필사본, 시청각자료, 민속자료, 고문서를 비롯한 각종 문서, 그 지방 소재 기업체 및 단체의 간행물과 이들에 관한 자료

향토자원의 특성도 다양하게 정의되고 있다. 최윤상 등(2013)은 지역성(향토자원이 특정 지역의 역사나 문화, 삶 등에 체화되어 있는 속성), 전통성(지역사회에서 상당한 기간 동안 생활양식, 기술, 생산방식 등에 체화되어 온 역사성), 고유성(다른 지역의 향토자원과는 차별화되어 대체되기 쉽지 않은 지역의 편재성)을 들고 있다. 오재환과 이원태(2010)는 지역문화자원의 특성으로 전통성, 고유성, 보편성을 들고 있다.

김양식(2011)은 향토자원이 지역성(고유성과 차별성), 전통성, 기술성, 경제성을 가진 자원이라 규정하고 있고, 그 구체적인 내용을 다음 표와 같이 기술하였다.

향토자원의 특성

특성	설명
전통성	• 해당 지역에 오래전부터 토착·계승되어 현재 그 지역민들이 관습적으로 사용하고 있는 것 • 적어도 3세대 이상 전해 내려온 것을 우선 선정하되, 역사적으로 의미가 있어 이후에도 보전·계승이 필요한 것
지역성	특정한 지역을 제외한 다른 지역에는 존재하는 않는 유일성 여부 또는 타 지역에도 존재하지만 해당 지역에 존재하는 양적인 정도 여부 등 지역적 차별성
기술성	기술이나 원료 면에서 고유하거나 독특하며, 질적인 차별성이 있는 것
산업성	관광, 상품개발, 축제·이벤트 개최, 이미지·콘텐츠 활용, 기타 연관산업 등 향토자원을 활용하여 부가가치를 창출할 수 있는 것

1.2 향토자원의 유형 및 범주

향토자원의 유형 및 범주도 연구자 및 기관에 따라 매우 다르게 정의되어 있는 것을 알 수 있다. 향토자원의 유형 및 범주에 대한 기관의 정의는 다음 표와 같으며, 연구자로서 오재환과 이원태(2010)는 생활문화, 대안문화, 도시경관, 건축물, 근대유산, 자원환경, 도시민속, 특산물, 문화재, 설화·민담 등을 향토자원의 유형 및 범주로 포함시키고 있다.

향토자원의 유형 및 범주

분류기관	구분	내용
농촌진흥청 분류	자원의 형태에 따른 분류	• 유형자원: 실제 눈으로 볼 수 있는 유적, 유물, 동식물, 토산품 등 • 무형자원: 물리적 실체가 없는 기술, 지식, 전설, 음악 등
	자원의 내용에 따른 분류	• 산업적 자원: 산업의 소재가 되거나 상품에 투입되는 등 상품으로서 가치를 지니는 자원으로 향토음식, 공예품 등 • 역사·문화적 자원: 역사·문화의 소산이 되는 자원으로 유적, 유물, 전통예술 등 • 생태·자연적 자원: 생태 및 자연적 가치를 지닌 자원으로 빼어난 경관을 가진 하천, 산안, 바다 등의 장소와 희귀동식물 등
한국지적재산 관리재단	유형자원	의식주생활분야, 놀이, 여가, 민간의료, 기타
	무형자원	전래풍습, 민간설화, 민요, 지역축제
	생태자원	토종식물, 토종동물, 자연생태계
	문화자원	향토유적·유물(문화재), 문화시설(도서관·박물관·공원·미술관·기념관 등)
전국문화원 연합회	역사문화자원	역사적 사건과 현장, 내 고장의 역사적 인물, 내 고장의 문화유산
	생활문화자원	전통생활민속, 구전설화, 주민의 종교생활, 주민의 생활권역, 지역의 별미음식, 지역의 토산품과 특산품
	예술문화자원	지역문화예술행사, 지역문화예술단체, 지역언론기관, 지역예술인, 지역문화예술 시상제도, 지역 소재 예술작품, 문화예술교육·연구기관, 출판문화

	관광・여가 문화자원	관광자원, 관광시설, 관광코스, 관광쇼핑, 관광안내소, 여가시설
	문화시설자원	박물관, 도서관, 전시장, 공연장, 영화관, 미술관, 문화의 집, 문화원

2 향토문화콘텐츠의 다양한 활용가능성

향토자원에 대해 연구하는 연구자의 주제분야를 보면 문헌정보학은 물론 국문학, 철학, 콘텐츠학, 정책학, 정치학, 사학, 지역학, 문화학, 경영학, 신문방송학 등 거의 모든 분야에서 다양하게 다루고 있다는 것을 알 수 있다. 또한 연구기관의 경우 향토문화자원 디지털DB, 전국문화원연합회, 한국학중앙연구원, 한국문화관광연구원, 한국방송학회, 디자인학회 등 매우 다양하다.

이는 향토자원이나 향토문화콘텐츠가 다양한 각도로 활용될 수 있고 그만큼 '원소스 멀티유즈(one source multi use)' 가치가 높다는 것을 의미한다. 또한 관련문헌도 상당히 많으며 연구하는 각도도 다양하다. 그 중에서 본 연구와 관련이 있고 연구경향을 어느 정도 파악할 수 있는 논문들을 중심으로 살펴보면 다음과 같다.

먼저 공공도서관에서 향토문화콘텐츠서비스를 해야 한다는 연구는 오래전부터 수행되어 왔다. 공공도서관에서 향토문화콘텐츠서비스를 제공하게 되면서 향토자원의 분류에 관한 연구가 시작되었다. 이택준(1970)은 향토문화콘텐츠의 종류를 형식・형태상 분류, 내용상 분류, 저작별 분류로 구분하였고, 전영래(1977)는 향토문화콘텐츠를 문헌기록과 문화적 유물로 구분하였다. Field(1987), Llwyd(1987), Nurse(1991), Westmancoat(1991) 등은 향토자원의 수집방법에 대해 구체적인 연구를 수행하였다.

그리고 실제로 공공도서관에서 향토문화콘텐츠실이 운영되는 사례가 늘어나면서 운영실태를 조사하는 연구가 수행되었다. 장경호(1991)는 구미도서관 사례를, 정현태(1992)는 국내 공공도서관 전체를 대상으로 한 향토문화콘텐츠실 실태조사를, 정주연(1998)은 부산지역 공공도서관 운영실태를, Sturges (1991)는 노르웨이의 핀마크(Finmark) 공공도서관 사례를 조사하였다.

양상숙(1997; 1999)은 주로 제주지역의 고서 및 고문서 등을 중심으로 향토문화콘텐츠실 발전방안을 제시하면서 일본 지역도서관과의 비교를 통해 개선방안을 제안하였으며, 강진갑(2000)과 이남희(2000)는 향토문화콘텐츠를 데이터베이스로 구축해야 한다고 주장하고 방안을 제시하기도 하였다. 특히 Allery(2000)는 향토문화콘텐츠실을 홍보하는 방법에 대해서 소개하고 있다. 장우권(2009)은 공공도서관의 지역문화콘텐츠의 관리와 활용방안으로 지역문화콘텐츠 관리제도・법률규정, 지역문화 계획수립과 집행, 전통문화 전승과 계승, 지역문화・예술에 대한 사회교육기능, 유관기관과 협력, 문화공간 제공, 행사참여와 지역뉴스지 발행, 디지털 형태로 재생산 및 가공, 그리고 지역문화콘텐츠에 대한 적극적인 홍보 등 열 가지를 제시하고 있다.

3 향토문화콘텐츠의 효율적인 활용방안

향토자원을 효율적으로 활용하기 위해 먼저 향토문화자원의 가치를 발굴하고 콘텐츠를 개발해야 하며, 향토문화자원을 융합하거나 네트워킹하여야 한다. 또한 향토문화자원을 잘 활용하여 창의성과 상상력에 기반을 둔 콘텐츠를 개발하고, 정부지원사업과의 연계를 통해 창조사업을 집중적으로 육성하되 이러한 향토문화자원 발굴사업은 지속적으로 수행되어야 한다고 주장하는 연구들이 있다.

즉, 지역별 지역문화콘텐츠의 수집 및 활용사례를 기반으로 각 지역의 향토문화콘텐츠의 가치를 창출하고자 하는 연구들이 상당수 있으며, 광명시 동제의 문화사적 의미와 가치(김덕목 2011), 영상콘텐츠 속의 지역공간과 지역문화(신광철, 장해라 2006), 전통문화유산으로서 호남지역의 무형문화유산의 활용(이윤선 2009), 경북지역 문화콘텐츠산업의 특성화전략(경북테크노파크 전략사업기획단 2009), 광주지역 지역문화콘텐츠개발과 활용(최종호 2008), 그리고 상당수의 연구가 향토자원의 사업화방안을 모색하고 있는 것을 알 수 있다(류웅재 2010; 최윤상, 김종수, 정해동 2013).

향토자원의 활용을 통해 지역발전방안을 제시한 연구로, 김양식(2011)은 향토문화자원의 활용방향을 향토문화자원의 산업자원화, 향토문화자원의 문화예술자원화, 향토문화자원의 관광자원화, 향토문화자원의 교육자원화의 네 가지로 제시하고 있으며, 정주연(2007)은 사용자의 경험디자인을 기반으로 한 지역브랜딩, 그리고 지역의 다양한 특성과 정보를 디지털환경에서 유희적으로 경험할 수 있는 기회를 제공하는 캐릭터 온라인 테마파크 콘셉트를 제안하였다. 삼성경제연구소(2004)는 지역문화자원의 개발 및 활성화를 위해 개발가능한 문화자원의 발굴, 문화자원과 공간과의 연계성 강화, 문화공간의 복합화 추구, 지역의 문화브랜드 개발의 4대 전략을 제시하고 있다. 김영순과 김정은(2006)은 지역문화콘텐츠를 활용한 효율적인 지역문화교육을 수행하기 위하여 한국향토문화전자대전을 이용한 지역문화교육의 가능성을 제시하고 있다. 더 나아가 향토문화콘텐츠의 메타데이터 형식을 제안한 연구도 있다(김창겸, 임동주 2007). 그 외 지역문화콘텐츠 활성화방안으로 향토문화콘텐츠의 모바일 웹서비스 제공(김수영 2012) 등이 있다.

4 향토문화콘텐츠의 체계적인 관리방안

지역문화콘텐츠의 체계적 관리를 위해 향토문화 디지털콘텐츠 구축과정에서 수집·생산되는 기초자료를 아카이브시스템으로 정의하고, 이들 자료의 수집·정리·재사용·서비스에 대한 표준적인 구조를 설계하고 구현한 연구가 있다(김수영, 임준근 2009). 또한 정경란(2014)은 지역문화콘텐츠의 체계적 구축을 위한 표준분류체계를 개발하여 제시하고자 하였으며, 이는 한국향토문화전자대전의 분류체계의 한계를 기반으로 개선안을 제시한 것이다. 권영옥과 김백희(2007)도 향토문화 분류체계와 전자대전 항목구성체계의 접합 방안을 제시한 바 있다.

5 향토문화평가를 위한 자료개발

지역문화평가를 위해 지표를 개발한 연구가 있다. 지역문화는 역사적 전통과 공동체의식을 공유하는 시간적·공간적 단위인 지역의 문화예술활동과 그 결과물의 총체물로 지역 간 차별화의 기제로 활용되기도 하고 차이를 통한 상호 소통과 교류의 매개 역할을 하며, 지역주민의 자긍심, 애향심 및 일체감과 주민통합을 유발하고, 지역주민의 자발성과 참여의식, 창의성과 자주성을 함양함으로써 지역사회발전의 활력소가 된다. 이러한 지역문화라는 추상적 개념을 객관적으로 파악할 수 있는 정량적 준거로 문화정책, 문화인력, 문화인프라, 문화자원, 문화활동, 문화향유 등 각 지역의 문화예술활동의 발전 정도와 활성화 정도를 평가하기 위한 지역문화지표를 개발하였으며, 실제적인 적용을 통해 지역문화의 격차를 해소하여 지역의 균형적 발전을 이룩하기 위한 토대를 마련하고자 하였다.

이와 같은 문화지표의 해외 사례로, 미국 실리콘밸리 문화계획을 위한 지표(Simons and Dang 2006), 호주 빅토리아 지역사회 지표연구(Community Indicators, http://www.communityindicators.net.au/data_framework), 캐나다의 문화지표, IFACCA(International Federal of Arts Councils and Culture Agencies) 문화지표, CECC(Center of Expertise on Culture and Communities) 문화지표 등이 있다. 국내의 경우에도 지역자치단체 차원에서 개발된 문화지표 사례가 있으며, 성남시 문화지표, 서울시 문화지표, 충청북도의 문화지표, 인천광역시 문화지표, 경기도 문화지표, 제주 문화지표 등이 있다(류정아 외 2014). 최종렬 등(2010)은 콘텐츠 가치평가(COVA)시스템 개발을 통한 지역문화콘텐츠산업 활성화 연구를 수행하기도 했다.

| 참고문헌 |

국내문헌

강진갑. 2012. 21세기 정보화시대 '인터넷 향토사' 편찬에 대하여. 『향토사연구』, 12: 75-81.

권영옥, 김백희. 2007. 향토문화 분류체계와 전자대전 항목구성체계의 접합방안. 『인문콘텐츠』, (9): 11-37.

김덕묵. 2011. 문화지방화시대를 위한 지자체의 역할과 향토문화의 기록·보존·활용방안: 광명시의 동제를 중심으로. 『남북문화예술연구』, (13): 205-253.

김수영, 임준근. 2009. 디지털 향토문화 콘텐츠를 위한 XML 기반의 아카이브시스템에 관한 연구 – 『한국향토문화전자대전』의 사례를 중심으로. 『인문콘텐츠』, 15: 147-173.

김수영. 2012. 모바일 웹서비스에 기반한 문화콘텐츠의 활용 – 『한국향토문화전자대전』의 사례를 중심으로. 『정보관리학회지』, 29(3): 31-59.

김양식. 2011. 충북 향토문화자원을 활용한 지역발전방안. 『충북 Issue & Trend』, (6): 96-106.

김영순, 김정은. 2006. 문화콘텐츠를 활용한 지역문화 교육방안 연구. 『인문콘텐츠』, (7): 7-22.

김창겸, 임동주. 2007. 향토문화 콘텐츠의 메타데이터 형식 및 텍스트 집필. 『인문콘텐츠』, (9): 65-90.

김현호, 한표환. 2004. 『지역발전을 위한 향토자원의 개발 및 활용방안』. 서울: 한국지방행정연구원.

류웅재, 윤나리. 2009. 『경기도 문화콘텐츠산업 활성화 방안에 관한 연구』. 경기: 경기개발연구원.

류정아, 곽노현, 백미현. 2013. 『지역문화 지표개발 및 시범적용 연구』. 서울: 문화체육관광부.

민인철, 이난경. 2010. 도시브랜드 제고 전략: 광주광역시를 중심으로. 『2010 지역문화관광포럼 세미나발표자료집』. 2010년 11월 25~26일. 충남: 롯데부여리조트, 1-165.

신광철, 장해라. 2006. 영상 콘텐츠 속의 지역공간과 지역문화. 『인문콘텐츠』, 8: 83-107.

양상숙. 1997. 고문서, 고서, 향토문화콘텐츠의 수집 및 정리에 대한 지역도서관의 역할 – 제주지역 향토문화콘텐츠의 수집을 중심으로. 『제35회 전국도서관대회 주제발표논문집』.

양상숙. 1999. 『제주도 지역도서관의 향토문화콘텐츠개발에 관한 연구: 제주도와 오키나와현 지역도서관 비교 분석』. 석사학위논문. 제주대학교 교육대학원 사회교육학 전공.

오재환. 2010. 지역문화자원의 활용방안과 과제. 『2010 지역문화관광포럼 세미나발표자료집』, 2010년 11월 25~26일, 충남: 롯데리조트, 11-24.

이남희. 2000. 향토사자료의 전산화과정과 그 효용성. 『향토사연구』, 12: 57-68.

이남희. 2006. 문화콘텐츠의 인프라 구축 현황과 활용에 대하여. 『오늘의 동양사상』, (14): 263-284.

이원태. 2010. 지역문화자원의 보존과 개발. 『2010 지역문화관광포럼 세미나발표자료집』, 2010년 11월 25~26일, 충남: 롯데리조트, 25-36.

이윤선. 2009. 전통문화유산의 지역문화콘텐츠 활용에 대한 고찰: 호남지역의 무형문화유산을 중심으로. 『한국민속학』, 49(1): 333-378.

이종일. 2005. [제50회 신인상 당선자 발표: 수필] 도깨비도 돈이 된다 – 향토문화개발이 문화수도 경쟁력. 『문학춘추』, (52): 180-188.

이택준. 1970. 향토문화콘텐츠의 수집보존. 『도서관』, 25(3): 35.

장경호. 1991. 구미도서관 향토자료실을 중심으로. 1991년 봄철 공공도서관 세미나. 서울: 공공도서관협회.

장우권. 2009. 공공도서관의 지역문화콘텐츠의 관리와 활용방안에 관한 연구: 전남지역의 농어촌지역을 중심으로. 『한국문헌정보학회지』, 43(1): 271-292.

전영래. 1977. 『향토문화콘텐츠 보존의 의의와 방안』. 도서관.

정주연. 1998. 『향토문화콘텐츠의 효율적 관리방안: 부산지역 공공도서관을 중심으로』. 석사학위논문. 부산대학교 대학원 문헌정보학과.

정주연. 2007. 디지털환경에서 지역활성화를 위한 지역문화콘텐츠 개발방향에 관한 연구: 지역문화콘텐츠를 활용한 캐릭터 온라인 테마파크 컨셉제안을 중심으로. 『디지털디자인연구』, 7(3): 77-85.

정현태. 1991. 『공공도서관의 향토자료개발에 대한 연구』. 석사학위논문. 연세대학교 대학원 문헌정보학과.

최윤상, 김종수, 정해동. 2013. 지방정부의 향토자원 사업화방안에 관한 연구. 『한국정책연구』, 13(1): 149-165.

최종렬, 김동환, 서해숙, 전충헌. 2010. 콘텐츠 가치평가(COVA)시스템 개발을 통한 지역문화콘텐츠산업 활성화 연구. 『인문콘텐츠』, (17): 253-277.

최종호. 2008. 지역문화콘텐츠 개발과 문화콘텐츠 활용: 광주지역을 중심으로. 『전통문화논총』, 6: 279-298.

경북테크노파크 전략산업기획단. 2009. 『경북지역 문화콘텐츠산업역량 분석과 특성화전략』. 경북: 경북테크노파크 전략산업기획단.

농림수산식품부. 2010. 『향토산업육성사업시행지침』. 세종: 농림수산식품부.
삼성경제연구소. 2004. 『문화자원 개발과 지역활성화전략』. 서울: 삼성경제연구소.

대구광역시립서부도서관 홈페이지. [online][cited 2014. 10. 6] 〈http://www.seobu-lib.daegu.kr〉
문헌정보학용어사전. [online][cited 2014. 10. 6] 〈http://203.241.185.12/asd/main.cgi?board=dic〉
부산광역시립중앙도서관 홈페이지. [online][cited 2014. 10. 6] 〈http://www.joonganglib.busan.kr〉.
서울도서관 홈페이지. [online][cited 2014. 10. 6] 〈http://lib.seoul.go.kr〉
인천광역시 화도진도서관 홈페이지. [online][cited 2014. 10. 6] 〈http://www.ihl.kr〉

해외문헌

Allery, Linda. 2000. "Popularising Local History Services: New Century, New Ideas". *Australasian Public Libraries and Information Services*, 13(3): 119-125.

Field, Roy. 1987. Publications and Products. Edited by Dewe, Michael. 1st ed., *A Manual of Local Studies Librarianship*. London: Gower, Gower Publishing Ltd.

Llwyd, Rheinallt and Evans, Geraint. 1987. Oral History Recording. Edited by Dewe, Michael. 1st ed., *A Manual of Local Studies Librarianship*. London: Gower, Gower Publishing Ltd.

Nurse, Bernard. 1991. Prints, Drawings and Watercolours. Edited by Dewe, Michael. 2nd ed., *Local Studies Collections: A Manual*. London: Gower, Gower Publishing Ltd.

Simons, D. and Dang, S. 2006. *International Perspectives on Cultural Indicators, A Review and Compilation of Cultural Indicators Used in Selected Projects*. Creative City Network, Simon Fraser University: Centre of Expertise on Culture and Communities.

Sturges, Pual and Bapty, Richard. 1991. *An International View of Local Studies Librarianship. Edited by Dewe, Michael. 2nd ed., Local Studies Collections: A Manual*. London: Gower, Gower Publishing Ltd.

Westmancoat, John. 1991. Newspapers and Periodicals. Edited by Dewe, Michael. 2nd ed., *Local Studies Collections: A Manual*. London: Gower, Gower Publishing Ltd.

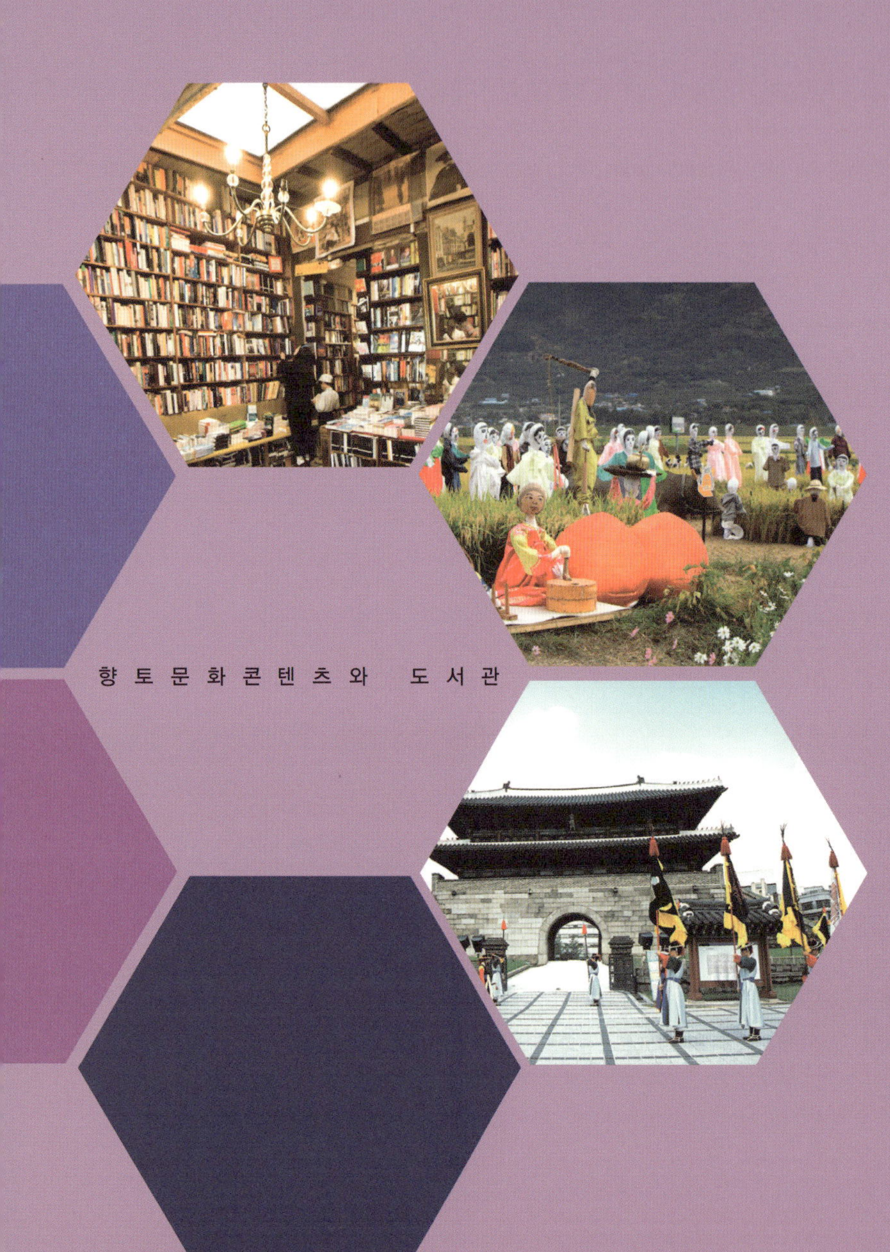

향토문화콘텐츠와 도서관

Chapter

2

향토문화콘텐츠 도서관

고창군립도서관

주　　소 전북 고창군 고창읍 모양성로 11
우편번호 56441
전　　화 063-560-2420
홈페이지 http://lib.gccl.kr

1 고창군립도서관

전라북도 고창군립도서관은 2008년 12월 15일 고창군 지역사회의 정보제공 및 문화발전을 증진하기 위해 개관하였다. 고창군립도서관은 자료의 수집·정리·보존·제공을 통해 지역주민과 지방행정 및 산업분야에 필요한 정보를 제공한다. 또한 독서의 생활화를 위한 계획을 수립하고 실시하여 독서문화를 활성화시키고자 한다. 자료의 풍부한 수집을 위하여 타 도서관 및 문고와의 긴밀한 협력을 통해 자료를 교환하는 상호대차를 실시하고 있으며 기증도서를 체계적으로 관리하여 제공하고 있다. 연수회, 강연회, 영상물 상영회 등의 개최와 활동공간을 제공함으로써 지역문화활동 활성화에 기여하고자 한다.

고창군립도서관은 향토문화콘텐츠를 담당하는 기관으로서 지역의 선사문화, 판소리, 동학농민혁명 등에 관한 자료의 수집 등 특성화된 업무와 그 밖에 공공도서관으로서의 기능을 수행하고자 한다. 또한 고창군 지역 5개의 작은도서관[고수(古水)해마루 작은도서관, 선운산 작은도서관, 글마루 작은도서관, 대산큰별 작은도서관, 무장글샘 작은도서관]을 관리하는 본관도서관이다. 도서관 정기휴관일은 매주 월요일과 신정 및 설날, 추석 연휴이다.

2 주요 서비스

고창군립도서관의 주요 서비스는 사이버 소식지 발행과 향토자료(고창지역 선사문화, 판소리, 동학농민혁명) 수집, 타 도서관과의 상호대차서비스, 강좌실 대관서비스, 특별문화활동 및 자원봉사활동 지원, 도서관 견학 등이 있다. 향토자료실(43m^2)에서는 동학농민혁명, 판소리, 고인돌에 관련된 자료를 수집하고 보존한다. 도서관 주요 강좌로는 영어지도, 한문교실, 사진・영상, 중등 역사논술, 여름/겨울 특별프로그램, 상/하반기 문화센터 등이 있다.

3 시설 및 소장자료 현황

전체 시설규모는 총면적 615m^{2}로, 지상 3층 건물이다. 도서관 주요 시설에는 종합자료실, 향토자료실, 디지털자료실, 문화강좌실, 기증자료실, 열람실, 휴게시설 등이 있다.

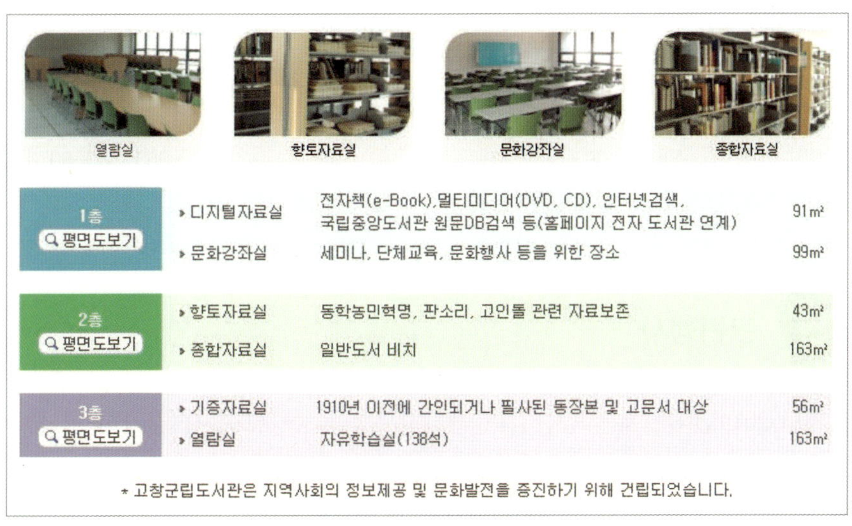

고창군립도서관 홈페이지 – 편의시설 안내

소장자료로는 철학, 사회과학, 예술분야 등의 일반도서 3만 2,322권, 서양서 53권을 보유하고 있다. 비도서자료는 CD 150점, DVD 560점, 전자책 5,617점을 구비하고 있다.

고창군립도서관 소장자료 현황 (단위: 권, 점)

	총류	철학	종교	사회과학	순수과학	기술과학	예술	언어	문학	역사	합계
CD(음반)	–	–	–	–	–	–	150	–	–	–	150
DVD	–	–	–	–	–	–	535	–	–	25	560
전자책	243	272	76	1,120	128	311	107	350	2,256	754	5,617
서양서	–	–	–	1	–	–	–	2	49	1	53
일반도서	1,647	2,058	1,141	6,020	1,336	2,670	2,525	1,118	10,220	3,587	32,322
기증	20	21	–	1	–	–	–	–	315	28	385
합계	1,910	2,351	1,217	7,142	1,464	2,981	3,317	1,470	12,840	4,395	39,087

4 관련부서

업무	전화번호
군립도서관 운영, 전산시스템 운영 및 홈페이지관리, 도서 및 전자책 구입, 문화강좌 운영	063-560-8051
군립도서관 시설경비 및 관리운영 지원	063-560-8070

5 관련행사

지난 2014년 8월에는 광산김씨 군기시부정공 종중(도유사 김삼현)이 문중대대로 보관해 오던 광산김씨 관련자료와 『고창여지승람』, 『고창문헌통람』 등 고서 211책과 고문서 25점을 영구기탁하였다. 이를 통해 고창의 지역향토사연구에 필요한 자료들이 모여 지역발전과 역사연구에 큰 도움이 될 것으로 보인다. 기탁받은 고서 및 고문서는 고창군립도서관 3층 기증자료실에 별도로 서가를 마련하여 기증자의 명의로 보관되고 있다.

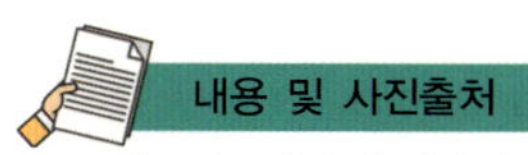

고창군립도서관 홈페이지
http://lib.gccl.kr
네이버 기관단체사전. 고창군립도서관
http://terms.naver.com/entry.nhn?docId=891527&cid=43143&categoryId=43143

광주광역시립무등도서관

주　　소 광주광역시 북구 면앙로 130(우산동)
우편번호 61191
전　　화 062-613-7753
홈페이지 http://www.citylib.gwangju.kr

1 광주광역시립무등도서관

시민에게 사랑받는 도서관이자 시민의 행복한 미래를 창조하는 도서관인 광주광역시립무등도서관(이하 무등도서관)은 광주광역시 북구에 위치하며, 1981년 12월에 개관하였고, 2004년 한국도서관협회에서 수여하는 '한국도서관상 단체상'을 수상하였다. 도서관 주요 사업으로는 연사초청강연, 화상강연, 영화제, 인문학 강연회, 스토리텔링, 영어노래 부르기, DVD 상영, 방학특별 프로그램, 독서퀴즈대회 등이 진행되고 있다.

2 주요 서비스

수집된 향토특화자료들은 도서관 열람과 원문DB서비스로 제공된다.

3 시설 및 소장자료 현황

전체 시설규모는 지하 2층, 지상 3층 건물이다. 주요 내부시설로는 종합자료실을 비롯하여 디지털자료실, 어린이도서관, 장애인실, 어문학자료실, 아메리칸 코너, 세미나실, 개인연구실, 열람실 등이 있다.

소장자료로는 2015년 6월 30일을 기준으로 철학, 종교, 사회・순수・기술과학, 예술, 어학, 문학, 역사 등의 단행본자료가 약 34만 권, 정기간행물로 잡지 47종과 지방지와 중앙지를 비롯한 신문 17종을 구비하고 있다. 향토특화자료는 총 116종을 보유하고 있다.

무등도서관 종류별 소상 현황

계(권)	총류	철학	종교	사회과학	순수과학	기술과학	예술	어학	문학	역사
343,484	15,120	15,645	8,997	52,497	20,456	20,486	14,688	159,120		36,475

무등도서관 2층의 종합자료실에서는 인문·사회·자연과학 등의 자료와 함께 향토자료, 족보 등의 자료를 서비스하고 있다. 향토자료와 족보자료는 열람만 가능하다. 향토특화자료의 소장 현황과 목록은 다음과 같다.

무등도서관 향토특화자료 소장 현황

구분	광주	전남	담양	영암	해남	나주	여수	보성	고흥	함평	신안	강진	완도	순천	진도	장성	목포	무안	곡성	구례	장흥	광양	영광	기타
권수	8	37	5	7	5	3	4	1	2	4	3	2	4	1	3	2	4	1	1	4	1	1	2	11
계(개)	116																							

무등도서관 향토특화자료 소장 목록

지역	목록	지역	목록
광주	광주남구향토자료집 1. - 인물과 문헌 / 광주광역시 남구문화원	담양	민학의 즐거움(월출산) / 광주민학회 / 박정구
	광주남구향토자료집 2. - 문화유적 / 광주광역시 남구문화원		담양고을 땅이름 / 국대윤 / 담양문화원
	광주남구향토자료집 3. - 민속지 / 광주광역시 남구문화원		담양설화 / 이해섭 / 담양향토문화연구회
	光州市史 第一卷(광주시사 제1권) / 이효계 / 광주광역시		數竹集全(수죽집전) / 박래호 / 담양문화원
	光州市史 第二卷(광주시사 제2권) / 강영기 / 광주광역시		담양의 역사와 문화(담양의 이야기) / 문경규 / 담양군 문화관광과

광주	光州市史 第三卷(광주시사 제3권) / 송상종 / 광주광역시
	光州市史 第四卷(광주시사 제4권) / 송상종 / 광주광역시
	광주의 在來市場(재래시장) / 광주광역시 민속박물관
전남	全南史學(전남사학) 창간호 一九八七年 一二月 / 전남사학회
	全南史學(전남사학) 제2권 一九八八年 一二月 / 전남사학회
	全南史學(전남사학) 제3권 一九八九年 一二月 / 전남사학회
	全南史學(전남사학) 제4권 一九九0年 一二月 / 전남사학회
	全南史學(전남사학) 제5권 一九九一年 一二月 /전남사학회
	全南史學(전남사학) 제7권 / 전남사학회
	全南史學(전남사학) 제8권 / 전남사학회
	全南史學(전남사학) 제12권 / 전남사학회
	전남지방사연구 / 전남사학회
	南道文化研究(남도문화연구) – 제1부 順川地域의 傳統에 대한 研究 / 순천대학 남도문화연구소
	南道文化研究(남도문화연구) – 제2부 羅老島 學術調査 研究(라노도 학술조사 연구) / 순천대학 남도문화연구소
	南道文化研究(남도문화연구) – 제3부 / 순천대학 남도문화연구소
나주	영산강유역의 중심 나주 / 박준영 / 나주시문화원
	나주시마을유래지 / 나주시장 / 나주시문화원
	전통의 맛과 향기 – 맛의 고장 나주의 음식문화 / 박준영 / 나주시 문화원
영암	영암의 전설집 / 영암문화원
	靈巖(영암)의 支石墓群(지석묘군), 支石墓群(입석) / 김희규 / 영암문화원
	靈巖(영암)의 忠・孝・列(충・효・열) / 영암군 문화관광과 문화재계
	靈巖郡誌(영암군지)上 / 영암군지 편찬위원회
	靈巖郡誌(영암군지)下 / 영암군지 편찬위원회
	낭주골의 옛노래 / 김희규 / 영암문화원
	영암군 마을 由來誌(유래지) / 김옥현 / 영암군 마을유래지 발간위원회
해남	해남인물 / 황도훈, 이병삼 / 해남문화원
	해남군의 문화유적 길라잡이 / 김승기 / 해남군청 문화관광과
	海南文獻集(해남문헌집) / 해남문화원
	海南古代國名地名研究(해남고대국명지명연구) 素謂乾國名議考(소위건국명의고) / 황도훈 / 해남문화원
	海南郡史(해남군사) – 1995년 / 해남군

지역	도서	지역	도서
전남	南道文化硏究(남도문화연구) - 제4부 / 순천대학 남도문화연구소	여수	여수의 고인돌 / (사)여수지역사회연구소
	전남동학농민혁명사 / 이상식, 박맹수, 홍영기 / 전라남도		여수시의 문화유적 / 조선대학교 박물관 학예연구실 / 여수시
	全羅南道誌(전라남도지) (第1卷) / 전라남도지편찬위원회		여수시 문화재 도록 / (사)여수지역사회연구소
	全羅南道誌(전라남도지) (第2卷) / 전라남도지편찬위원회		麗水麗川鄕土誌(여수여천향토지) / 여수여천향토지편찬위원회
	全羅南道誌(전라남도지) (第3卷) / 전라남도지편찬위원회	보성	寶城郡史(보성군사) / 보성군사편찬위원회
	全羅南道誌(전라남도지) (第4卷) / 전라남도지편찬위원회	고흥	高興郡史(고흥군사) 상 / 고흥군사편찬위원회
	全羅南道誌(전라남도지) (第5卷) / 전라남도지편찬위원회		高興郡史(고흥군사) 하 / 고흥군사편찬위원회
	全羅南道誌(전라남도지) (第6卷) / 전라남도지편찬위원회	함평	咸平郡의 氏族定着史(함평군의 씨족정착사) / 서복실 / 함평문화원
	全羅南道誌(전라남도지) (第7卷) / 전라남도지편찬위원회		함평군문헌사료집(상권) / 함평군향토문화연구회
	全羅南道誌(전라남도지) (第9卷) / 전라남도지편찬위원회		함평군문헌사료집(중권) / 함평군향토문화연구회
	全羅南道誌(전라남도지) (第10卷) / 전라남도지편찬위원회		함평군문헌사료집(하권) / 함평군향토문화연구회
	全羅南道誌(전라남도지) (第11卷) / 전라남도지편찬위원회	신안	新安文化(신안문화) / 김상배 / 신안문화원
	全羅南道誌(전라남도지) (第12卷) / 전라남도지편찬위원회		내故鄕新安(고향신안) / 김공규 / 재경신안군향우회
	全羅南道誌(전라남도지) (第13卷) / 전라남도지편찬위원회		신안지역의 천일염업 경제에 관한 연구 / 김형모 / 목포대학교 사회과학연구소
	全羅南道誌(전라남도지) (第14卷) / 전라남도지편찬위원회	강진	康津鄕土誌(강진향토지) / 강진군향토지편찬위원회
	全羅南道誌(전라남도지) (第15卷) / 전라남도지편찬위원회		康津郡 마을史 - 康津邑篇(강진읍편) / 강진군

지역	자료	지역	자료
전남	全羅南道誌(전라남도지) (第16卷) / 전라남도지편찬위원회	완도	마을由來誌(유래지) / 완도군마을유래지편찬위원회
	全羅南道誌(전라남도지) (第19卷) / 전라남도지편찬위원회		완도지역의 설화와 민요 / 허경희, 나승만 / 목포대학교 도서문화연구소
	全羅南道誌(전라남도지) (第20卷) / 전라남도지편찬위원회		莞島郡誌(완도군지) / 완도군지편찬위원회
	全羅南道誌(전라남도지) (第21卷) / 전라남도지편찬위원회		완도군 항일운동사 / (사)완도군항일운동기념사업회
	全羅南道誌(전라남도지) (第22卷) / 전라남도지편찬위원회	순천	順天鄕校史(순천향교사) / 장선미 / 순천향교
	全羅南道誌(전라남도지) (第23卷) / 전라남도지편찬위원회	진도	조선왕조실록 국역판(진도편) / 박문규 / 진도문화원
	全羅南道誌(전라남도지) (第24卷) / 전라남도지편찬위원회		高麗史(고려사) – 진도편 국역 / 박문규 / 진도문화원
	全羅南道誌(전라남도지) (第25卷) / 전라남도지편찬위원회		備邊司謄錄(비변사등록) – 진도편 국역 상 / 박문규 / 진도문화원
	全羅南道誌(전라남도지) (第26卷) / 전라남도지편찬위원회	무안	務安郡史(무안군사) / 무안군사편찬위원회
목포	木浦市史 – 社會・産業編 (목포시사 – 사회・산업편) / (사)목포문화원	곡성	谷城實錄(곡성실록) / 양병하 / 곡성문화원
	木浦鄕土誌(목포향토지) – 제12집 / 정기조 / 목포문화원	장흥	長興鄕校誌(장흥향교지) / 장흥향교
	木浦市史(목포시사) (補整編 I) / 목포문화원	기타	傳士王仁(전사왕인) – 日本에 심은 韓國 / 김창수 / 영암군
	木浦市史(목포시사) (人文編) / 목포문화원		鄕土사랑 文化사랑 – 행산 이종일 관장 정년기념문집 / 간행위원회
광양	光陽郡誌(광양군지) / 광양군지편찬위원회		海東三綱錄(번역본) – 신라, 백제, 고구려, 고려, 조선시대 삼강행실 / 진도문화원
영광	영광군지(상) / 영광군지개정판발간편찬위원회		祖上의 얼이 담긴 忠・孝・烈 碑文集(조상의 얼이 담긴 충・효・열 비문집) / 곡성군
	영광군지(하) / 영광군지개정판발간편찬위원회		
장성	長城鄕校誌(全)[장성향교지(전)] / 기우대		北門藝門(북문예문) / 김덕근 / 대구광역시 북구문화원
	長城(장성)의 맥 / 이병직 / 장성문화원		三綱錄(삼강록) – 부록편 / 진도문화원

지역	자료	지역	자료
구례	求禮鄕土文化史料(구례향토문화사료) 제13집 求禮金石文化 (上) / 구례문화원	기타	고산 윤선도 / 이병삼 / 해남문화원
	求禮鄕土文化史料(구례향토문화사료) 제14집 求禮金石文化 (下) / 구례문화원		석헌집 / 국대윤 / 담양문화원
	求禮郡史(구례군사) / 구례군사편찬위원회		'가야금산조의 창시자' 악성 김창조 선생 / 양승희, 박철 / 영암군
	구례군의 문화유적 / 국립목포대학교박물관		國譯 – 錦城邑誌 / 나주시문화원
			금성산성(金城山城) / (사)향토문화진흥원

4 관련부서

부서명	문헌정보과	전화번호	062-613-7744	팩스번호	062-613-7709
• 도서관 자료선정 · 수집 · 등록업무 • 도서관 자료의 기증 · 기탁 및 교환업무 • 각종 자료실 운영 • 독서지도 및 독서진흥 업무, 문화프로그램 운영 • 기타 이동문고 운영 및 독서교실 운영 등					

5 관련행사

2013년부터 문화체육관광부와 한국출판문화산업진흥원 지원으로 운영하고 있는 청소년 인문학 강좌는 광주지역 중 · 고교생 20명을 대상으로 무등도서관 1층 회의실에서 진행된다. 2013년 7월 27일부터 8월 25일까지 매주 토요일과 일요일 총 10회 운영되었으며, 2014년에는 5월 16일부터 10월 31일까지 매주 금요일 14시부터 16시까지 총 20회 운영되었다.

강의는 조선대학교 국어국문학과 교수를 역임하고 현재 서양화가로 활발하게 활동하고 있는 김종 씨가 맡아 광주지역의 향토역사와 문화를 알아보는 '호남과 무등산을 이야기하자' 등 교과과정에서는 다루기 어려운 다양한 내용에 대해 전달했다.

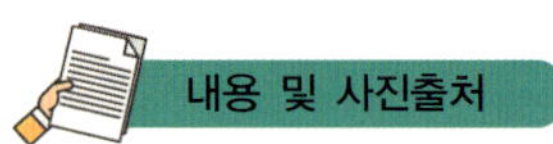

광주광역시립무등도서관 홈페이지
http://www.citylib.gwangju.kr
광주드림. 정상철. 광주시립도서관, 청소년 대상 인문학 강좌 운영
http://www.gjdream.com/v2/news/view.html?news_type=207&uid=447782
네이버 기관단체사전. 무등도서관
http://terms.naver.com/entry.nhn?docId=891391&cid=43143&categoryId=43143

나주공공도서관

주 소 전라남도 나주시 남고문로 51
우편번호 58258
총부무 전화 061-330-6713 총무부 팩스 061-333-1133
문헌정보부 전화 061-330-6725 문헌정보부 팩스 061-333-6050
홈페이지 http://www.najulib.or.kr

1 나주공공도서관

나주공공도서관은 1973년 나주군 공공도서관으로 개관 후 1991년 현재의 이름으로 명칭을 변경하였다. 1993년 전남교육청 직속기관으로 개편했으며 이듬해 신축도서관을 준공하여 개관하였다. 1995년 문화관광부 지정 문화학교를 개교하였으며, 2000년 마한 역사관련 특화도서관으로 지정되었다.

도서관 주요 사업으로는 다양한 독서문화행사, 이동도서관, 북스타트 운동, 평생학습강좌 등을 운영하고 있다. 그 외 영어 스토리텔링, 유아발레, 주산교실, 통기타, 엑셀, 파워포인트 등 대상연령에 따른 다양한 프로그램을 진행하고 있다. 도서관 정기휴관일은 매월 둘째, 넷째 주 월요일과 국경일, 정부가 특별히 지정한 공휴일이다.

2 주요 서비스

나주공공도서관은 지역문화특성을 도서관에 접목시켜 향토문화 기반조성에 이바지하기 위하여 적극적으로 향토(특화)자료를 수집하고 있다. 수집대상자료는 나주지역에 관한 단행본, 나주에서 태어나거나 활동한 인물의 전기, 행정간행물, 지역 소재 기관 및 단체의 간행물, 필사본, 민속지, 고문서들과 마한 역사관련 자료, 영산강 유역 고대문화자료, 삼국시대관련 자료들이다.

현재 나주공공도서관은 다양한 수집경로를 통해 지역향토자료와 영산강 유역의 마한·백제권 역사문화관련 자료 8,000여 점을 확보하여 향토자료실과 특화자료실을 운영하고 있으며, 2002년에는 '마한 역사관련 특화목록'을 발행하였다.

3 시설 및 소장자료 현황

전체 시설규모는 대지면적 6,631m^2, 건축면적 6,225m^{2}로, 총 열람좌석 수는 1,300석이다. 주요 내부시설로는 종합자료실과 어린이자료실, 향토자료실 등 총 6실의 자료실과 열람실 3실, 강좌실 6실, 평생교육원 10실, 기타 14실을 갖추고 있다.

▌나주공공도서관 실별 시설 현황

구분	실수	실별 구성
자료실	6실	종합자료실(2) / 어린이실(영유아 코너 포함) / 디지털자료실 / 향토자료실 / 특화자료실
열람실	3실	1열람실 / 2열람실 / 장애인열람실
강좌실	6실	컴퓨터실/ 문화강좌실(2) / 동아리실(2) / 독서문화교실
평생교육원	10실	학습동아리실 / 강의실(5) / 사무실 / 이동도서관 / 보존자료실 / 세미나실
기타	14실	대회의실 / 엘리베이터실 / 사무실(3) / 전산실 / 자료정리실 / 정보봉사실 / 동화구연체험실 / 소회의실 / 안내데스크 / 휴게실(2) / 식당
계	39실	-

소장자료로는 2015년 1월 1일 기준으로 기본도서, 이동도서, 다문화자료 등을 포함하는 도서자료 총 29만 4,216권, 시청각자료, 장애인자료 등을 포함한 비도서자료 총 19만 954점을 보유하고 있다.

나주공공도서관 소장자료 현황

구분	도서자료(권)				비도서자료(점)			총계
	기본 도서	이동 도서	다문화 자료	계	비도서	전자책	계	
수량	239,020	44,602	10,594	294,216	13,205	6,749	19,954	314,170
비율(%)	81.24	15.16	3.6	100	66.17	33.82	100	100

4 관련부서

부서	업무	전화번호
문헌정보부 사서 담당	종합자료실 운영, 개관시간 연장운영, 국가상호대차(책바다), 다문화자료 코너, 향토·특화자료실 운영	061-330-6772
향토·특화자료실	영산강 유역의 고대 마한 및 백제 역사문화관련 자료 제공, 나주지역 역사·문화자료 수집과 보존을 위한 정보관리 및 서비스	

5 관련행사

5.1 제1차 길 위의 인문학 탐방(박물관으로 떠나는 역사여행)

2014년 9월 23일(화), 오후 4시부터 8시까지 일반인을 대상으로 진행된 나주공공도서관 '제1차 길 위의 인문학 탐방'은 동신대학교를 출발하여 국립나주박물관, 반남고분군, 복암리고분군을 순서대로 탐방하였다. 영산강 유역의 역사와 고대문화를 배우고 옥 목걸이 만들기 체험, 달빛고분 산책 등을 통하여 즐거운 역사여행을 즐길 수 있었다. 나주공공도서관은 관련 주제도서로 『영산강 유역 고대문화의 성립과 발전』(국립나주문화재연구소 저)을 추천하였다. 탐방은 박범신 작가 초청 강연회가 끝난 뒤 출발하였다.

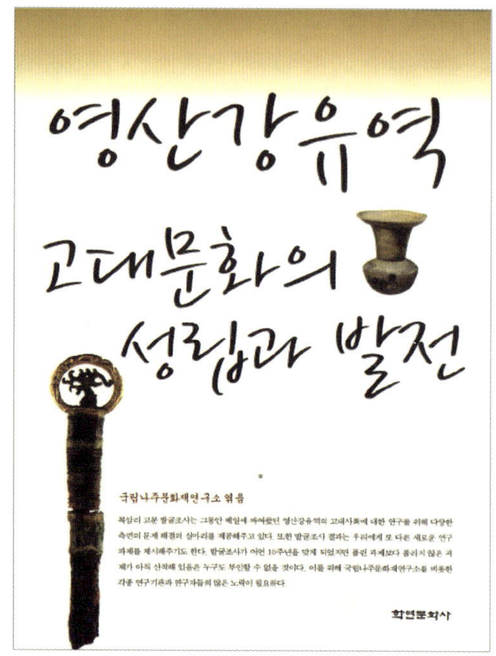

『영산강 유역 고대문화의 성립과 발전』 – 국립나주문화재연구소

5.2 제2차 길 위의 인문학 강연 및 탐방(천년고도 목사고을로 떠나는 힐링 인문학 여행)

2014년 10월 4일(토) 오전 10시부터 오후 4시까지 지역민 20가족(초등학교 4학년 이상의 자녀 참가가능)과 목사마을로 힐링 인문학 여행을 떠났다. 목사고을시장 2층 강연장 및 광장에서 영산포구의 발효음식을 알아보고 발효음식 중 하나인 영산포 홍어 숙성 체험, 전라도 김치 버무리기 등을 체험하였다. 나주공공도서관은 관련 주제도서로 『시가 있는 밥상』(오인태 저)을 추천하였다.

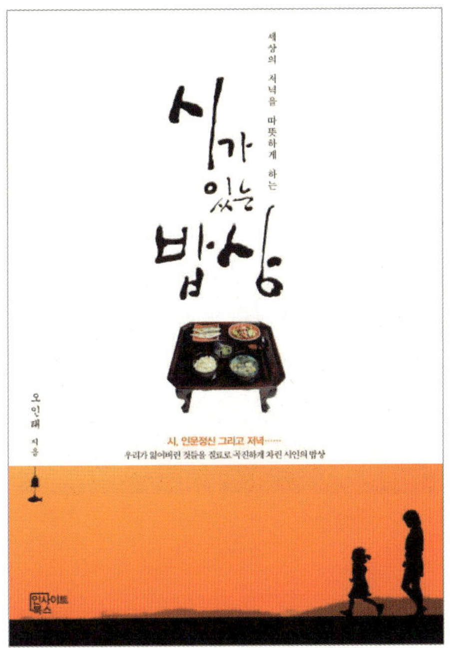

『시가 있는 밥상』 – 오인태

5.3 제3차 길 위의 인문학 강연 및 탐방(나해철 작가와 함께 떠나는 영산강 가람길 걷기)

2014년 10월 18일 오후 2시부터 8시까지 나해철 작가와 함께 떠나는 영산강 가람길 걷기 행사를 진행했다. 일반인을 대상으로 한 이번 행사는 나주공공도서관에서 출발해 영산포 포구와 등대, 선창거리, 황포돛배체험, 백호문학관, 앙암바위, 동양척식주식회사 문서고(영산나루) 등을 둘러보았다. 나주공공도서관은 관련 주제도서로 『무등에 올라(영산포)』(나해철 저)를 추천하였다.

『무등에 올라(영산포)』 – 나해철

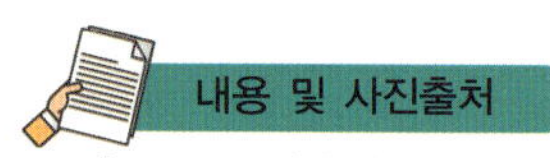

나주공공도서관 홈페이지
http://www.najulib.or.kr
네이버 기관단체사전. 나주공공도서관
http://terms.naver.com/entry.nhn?docId=891355&cid=43143&categoryId=43143
정보화마을. 전현숙. 나주 지역 향토자료, 마한역사자료를 찾습니다
http://www.invil.org/news/artcl/artclNewsDetail.do?artcl_no=92074&artcl_type_cd=AT01

대구광역시립서부도서관

주　　소 대구광역시 서구 국채보상로 49길 12(평리동)
우편번호 41777
전　　화 053-231-2400, 2419(야간)
홈페이지 http://www.seobu-lib.daegu.kr

1 대구광역시립서부도서관

대구광역시립서부도서관은 1992년 12월에 개관하여 현재 24만여 권의 도서, 연속간행물, 전자자료를 수집하고 체계적으로 정리하여 이를 시민들에게 제공하고 있다. 종이매체에서 전자매체에 이르기까지 다양한 자료를 제공하여 시민들에게 지식과 정보를 공유하고, 평생교육 프로그램을 운영하여 시민들의 삶이 풍요롭고 행복해지는 고품격 행정서비스를 제공하고자 노력하고 있다. 또 향토작가와의 만남, 체험활동 등 해설이 있는 향토문학관 운영 등으로 향토문인들의 삶과 작품세계에 대한 이해도를 높이고 애향심과 자긍심을 심어 주기 위한 다양한 행사를 마련하고 있다.

2011년에는 한국도서관협회 주최로 국립중앙도서관에서 열린 제43회 한국도서관상 시상식 단체부문에서 '한국도서관상'을 수상하였다. 한국도서관상은 도서관 발전에 큰 공적이 있는 단체나 개인에게 주는 상으로, 서부도서관은 개관 이래 지역주민의 독서인구 저변확대와 평생교육의 활성화를 위하여 한 도시 한 책 읽기 운동, 독서 골든벨, 다문화가정과 소외계층을 찾아가서 책 읽어주기 등의 다양한 독서운동 프로그램 운영에 기여한 공적을 인정받았다. 특히 거동이 불편한 어르신을 찾아가는 노인병원 독서나들이와 학부모도우미 독서지도, 해설이 있는 향토문학관 운영 및 '대구문단인물사' 발간 등 차별화된 독서문화 프로그램을 운영한 공적을 높이 평가받았다.

2 주요 서비스

2.1 향토문학관

대구광역시립서부도서관 향토문학관은 대구문인협회 950명, 경북문인협회 500명, 총 1,450명의 창작자료(도서, 육필원고, 동인지)를 집중적으로 수집하여 제공하는 별도의 전시공간을 통해 지역주민들을 위한 문화공간으로서의 도서관 기능을 확대하였다. 또한 향토문인들의 창작의욕증대와 지역주민들의 애향심을 고취시키기 위한 지역문화의 장으로 도서관을 활용하고, 향토 문학인들의 지나온 자취를 더듬어 볼 수 있는 저서와 육필원고, 사진자료, 애장품 등을 한 곳에 모아 전시함으로써 문학예술을 전공하려는 학생들이나 일반인들에게 지식창고의 역할을 담당하고 있다.

2.2 제공서비스

대구광역시립서부도서관 향토문학관은 향토문인자료 2,137개의 목록DB 구축 및 검색서비스, 대구문인협회, 대구수필문학회 등 153종 원문DB서비스, 향토문학사 연표 온라인 정보검색서비스, 향토를 빛낸 문인 온라인정보검색서비스, 자료기증 등에 대한 홈페이지 게시판 및 연혁, 소장자료검색, 원문DB, 온라인 정보검색서비스를 제공하고 있다. 또한 자유열람공간 10석을 이용하여 초등학생 이상 이용자에게 잡지대, 자료서가(일반향토문학도서), 귀중본 자료서가의 자유관람 및 소장자료 열람서비스를 시행한다. 전시자료, 동인지, 육필원고는 열람만 가능하며, 나머지 자료에 대해서는 관외 대출서비스도 시행하고 있다.

주요 사업으로는 고장이 배출해 낸 향토문인 및 문인들의 생가와 시비 등 문학의 산실이 되었던 문인들의 발자취를 찾아봄으로써 소중한 문화유산을 지키고 애향심과 자긍심을 심어 주기 위한 향토문학기행, '독서의 달' 등 기타 관련행사 시 향토작가를 초청하여 작품발표 및 강연회 개최를 통한 향토작가와의 만남, 향토문인들의 삶과 작품세계에 대한 이해도를 높여 애향심과 자긍심을 높이기 위해 중·고등학생(학급 또는 동아리단위로 30명 정도 운영)을 대상으로 운영하는 도서관 안내, 향토문인의 삶과 문학세계 조명(강의 또는 영상자료 감상), 체험활동 등의 해설이 있는 향토문학관 운영 등의 프로그램을 제공하고 있다.

3 시설 및 소장자료 현황

대구광역시립서부도서관(이하 서부도서관)은 2층 종합자료실 내 286m², 44석의 향토문학관을 운영하고 있으며 2014년 12월 19일 기준 향토문학관 자료현황은 다음과 같다.

향토문학관 자료 현황(2014년 12월 19일 기준)

구분	도서	육필원고	향토 문예지	시대사 판넬 및 사진	인물사진	인물판넬	계
권(점)	13,991	345	1,922	13	15	10	16,296

향토문학관에서 진행하는 코너별 전시내용은 다음과 같다. '향토를 빛낸 문인', '향토문학관 이미지몰', '향토문학 시대사별 문인활동' 코너는 대구지역을 빛낸 문인들을 중심으로 관련 문학자료와 인물자료 등을 중심으로 전시하고 있다. '특별전시관'은 대구뿐만 아니라 한국 대표문인의 주요 저서와 문예지, 육필원고와 더불어 향토문인자료를 전시하고 있다. 영상코너에선 관련 영상관람이 가능하고, 자료열람공간과 자료검색공간을 제공하여 이용자의 편의를 도모하고 있다.

향토문학관 코너별 전시내용

코너	내용	비고
향토를 빛낸 문인	향토를 빛낸 문인 가운데 작고하신 분 중 10분을 가려 뽑아서 게시함(이장희, 현진건, 이상화, 백기만, 이육사, 이호우, 김동리, 박목월, 조지훈, 이응창)	문인 판넬, 작가설명, 주요 저서, 육필원고, 팸플릿, 도록
향토문학관 이미지몰	• 설립취지 • 향토문인들의 발자취(사진) • 향토문학을 찾아서(유적, 시비)	중앙전시대
향토문학 시대사별 문인활동	• 향토문학사 연표(1917～1969년) • 문인활동사진 • 시대사 구분(1917년 이후부터 현재까지 문학경향별로 5개 구분)	시대사별 주요 저서 진열
특별전시관	• 한국 대표문인 주요 저서 • 주요 문예지 – 창간호 • 육필원고 • 향토문인자료	진열대 10대
영상 코너	향토문학관련 영상비디오 관람(영상문학, 다큐멘터리, 문학관련 기념행사 등)	–
자료열람	• 자유열람공간(10석) • 잡지대 • 자료서가(일반향토문학도서) • 귀중본 자료서가	–
자료검색	소장자료검색, 원문DB, 온라인 정보검색	–

4 관련부서

부서	업무	전화번호
열람봉사과 종합자료실	장서계 업무 총괄, 향토문학관 운영에 관한 업무, 독서회 운영에 관한 업무, 보존서고관리에 관한 업무, 장서관리에 관한 업무	053-231-2447
향토문학관	향토문학관 이용과 관리에 관한 업무	053-231-2446

5 관련행사

5.1 이상화 탄생 100주년 기념특별전

서부도서관에서는 2001년 9월 14일부터 27일까지 대구의 민족시인인 이상화(李相和) 선생 탄생 100주년을 기념하여 이상화 선생의 자취와 흔적을 볼 수 있는 관련사료를 전시하는 특별전과 대구지역이 배출한 향토문인작가의 육필원고 및 문학작품 전시회를 개최하였다.

전시장은 서부도서관 1층 로비에 특별전시장이 마련되었으며 개전 첫날은 오후 2시부터, 그 이후에는 오전 9시부터 오후 6시까지 관람을 진행하였다. 전시장에서 안내를 위한 팸플릿을 배부하였다.

- 전시내용
  - 상화詩의 발자취를 한눈에 볼 수 있는 사진자료, 유작(관련서적), 육필원고, 친필서한, 당시 대구풍경자료
  - 향토문인들의 육필원고, 문학작품, 동인지 등
- 주최: (주)대구문화방송, 죽순문학회
- 주관: 대구광역시립서부도서관

서부도서관 - 이상화 탄생 100주년 기념특별전

5.2 향토문학자료 전시회

서부도서관은 '향토문학'에 대한 올바른 이해와 애향심을 고취시키고 지역문화에 대한 자긍심을 높이고자, 2001년 12월 5일부터 14일까지 10일간 '문학작품 및 육필원고전'을 개최하였다. 전시장은 서부도서관 1층 로비에 특별전시장이 마련되었으며 개전 첫날은 오후 2시부터 전시회를 개최하였다.

- 전시내용
  - 한국문인 120인 작품, 340여 점
  - 문학작품집(시, 수필, 소설집)과 육필원고, 주요 문예지(동인지), 작고시인 유작집, 『죽순』 문학동인지 초창기 원본과 작품집 및 육필원고, 작가사진, 시화
- 작품전시 문인: 백기만, 이육사, 유치환, 김동리, 서정주, 박목월, 조지훈, 이호우, 구상 등 120여 명
- 주최: 대구광역시립서부도서관
- 주관: 죽순문학회
- 후원: 대구MBC, 매일신문(한국문화예술진흥원 지원)

5.3 향토문인작가 초청강연회

서부도서관에서는 2001년 향토문학의 발자취를 한눈에 볼 수 있는 '향토문학자료전시회'(12월 5~14일)를 개최함과 동시에, 동 행사의 일환으로 향토문인작가 초청강연회를 개최하였다. 2001년 12월 10일에 개최된 이 행사는 오후 2시부터 3시까지 서부도서관 1층 교양강좌실에서 진행되었다. 초청강사는 고(故) 윤장근 죽순문학회 회장이었다.

- 주제: 향토문학의 발자취
  - 향토여명기의 문학
  - 일제 시의 저항과 변절문학
  - 해방혼란기의 문학

– 6 · 25와 대구문단

– 낭만의 향촌동시대

향토 근대문학 뿌리는 향가

"문학의 근본원리는 원류에의 지향성에 있습니다. 그렇게 보면 향토 근대문학의 뿌리는 '향가'로 거슬러 올라가지요." 10일 오후 2시 '향토문학자료 전시회'가 열리고 있는 대구시립서부도서관에서 '향토문학의 발자취'란 주제의 문학강연을 한 윤장근 죽순문학회 회장(70세). 그는 신라 천 년의 문화를 떠받치고 있는 향가(鄕歌)야말로 향토의 근대문학을 낳은 '생명의 회랑'이라고 강조했다.

'혹여 나를 아니 부끄러워하시면 꽃을 꺾어 바치오리다'란 표현으로 대변되는 '헌화가'의 서정성이 소월의 '진달래꽃'에서 '죽어도 아니 눈물 흘리오리다'로 재현됐다는 것이다. "그리고 '처용가'의 호방함은 또 어떠한가"라고 되물은 윤 회장은 천공에 떠 있던 신라인의 심성이 고려가사 '가시리'를 낳고 이육사의 '청포도'에서의 서정과 '광야'의 기개로 이어졌다고 말했다. 향가에의 귀소의식, 회귀성이 곧 근대문학, 특히 향토문학의 출현배경이라는 것이다.

윤 회장은 진골목, 샘밖골목, 약전골목 등 골목이 많은 대구의 공간적 특징도 향가의 정감과 결부시켰다. 정이 흐르고 인간정신이 축적된 공간, 그것은 곧 상화와 빙허, 목우, 육사, 그리고 백신애와 김동리, 박목월, 조지훈의 문학적 기반에 다름 아니라는 설명이다.

그러나 같은 공간 속에서도 작가의 문학적인 정서가 상반되기도 한 것은 연연한 정서와 강직한 기질이 공존하는 대구의 풍토에서 비롯됐다는 분석이다. 그 실례로 일제치하에서 도도한 민족저항정신과 변절의 조류를 함께 초래한 것과, 해방 후 민족주의자들의 대거 월북, 그리고 향토에 남아 민족정서를 온전히 지킨 숱한 문인들을 떠올렸다.

그것은 경상도 기질의 한 전형이지만 멀게는 신라의 향가에서 배태된 '원향(原鄕)의식'의 작용이라는 것이다. "한국전쟁이란 비극적 상황에서도 대구는 문학의 르네상스를 맞았습니다. 오늘날 대구문학의 뿌리가 된 '향촌동시대'와 '상고예술학원'(상화와 고월에서 한 글자씩 딴 이름)을 탄생시켰지요"

윤 회장은 "당시 피난문인들은 대구에서 고향처럼 지내다가 돌아갔다"며 함경도 출신 작가 최정희의 『회상곡』이란 소설에서 에필로그로 남긴 '정다운 대구여…'란 문구를 되읊었다. 그것이 대구인의 진면목, 그리고 향수의 교두보라는 의미였다. 노작가는 "이런 대구와 향토의 문학을 어찌 아니 사랑하랴"란 말을 끝으로 강연을 마쳤다.

5.4 향토작가 초청 특별강연회

2001년 9월 25일 오후 2시부터 3시까지 서부도서관 1층 교양강좌실에서 지역주민과 대구 시내 공공도서관 주부독서회원을 대상으로 향토작가 초청 특별강연회가 개최되었다. 초청작가인 고(故) 윤장근 죽순문학회 회장은 '이상화를 중심으로 한 향토문학에 대하여'를 주제로 강연을 진행하였다.

5.5 향토문학기행 – 경주 · 청도 일대

서부도서관에서는 대구지역 향토문인들의 생가와 시비 등 문학의 산실이 되었던 문인들의 발자취를 찾아봄으로써 소중한 문화유산을 지키고 애향심과 자긍심을 심어 주기 위해 2002년 8월 20일 오전 8시부터 오후 6시 30분까지 '향토문학기행'을 실시하였다.

8월 8일부터 도서관에서 가족 또는 개인으로 직접 참가신청서를 접수하여 선착순으로 모집된 40명이 함께한 향토문학기행은 경주 · 청도 일대의 이호우, 이영도 생가(청도), 경주 황성공원 등을 둘러보았다. 또한 코스별로 작가와 유적지에 대한 자세한 설명을 이희주(전 화랑교육원 교육원 연수부장, 중 · 고교 교장 역임) 해설사가 제공해 주었다.

1) 기행코스

대구(두류공원 2 · 28 기념탑 주차장) 출발(08 : 00) → 이호우, 이영도 생가 → 이호우 시비 → 김동리 생가터(경주시 성건동) → 중식, 목월노래비, 김동리 문학표징비(황성공원) → 불국사(이경록 시비, 유치환 시비) → 서출지 → 대구 도착(18 : 30)

2) 향토문학기행 코스별 안내

① 이호우, 이영도 생가 및 이호우 시비

이호우(1920~1968년)는 제한된 시조 형식을 고수하면서 현대적 감각과 정시를 담는 데 성공한 시조시인으로서, 1940년 「문장」지를 통해 등단하였다.

이영도(1916~1978년, 호는 정운, 경북 청도 출생)는 간결한 언어구사로 절제된 시조의 아름다움을 자랑하며 자신의 오라버니(이호우)의 시집 『휴화산』과 『석류』를 묶어 『비가 오고 바람이 붑니다』라는 공동시집을 발간하였다.

청도읍 내호리의 생가에는 이호우와 그의 여동생 이영도 시인의 표징비가 세워져 있어 남매의 업적을 기리고 있고 이호우의 시비는 청도 남성현재와 대구 앞산공원 내에 남아 있다.

② 박목월 생가 및 노래비

박목월(1916~1978년, 본명 영종)은 경북 경주 출생으로 일제 말기에 작품 활동을 시작하여 해방 후부터 1970년대까지 우리나라를 대표하는 시인의 한 사람으로 평가받는 인물이다. 1946년 박두진, 조지훈 등과 함께 「청록집」을 발행하여 커다란 문학사적 획을 그었으며 1955년에는 제3회 자유문학상을 수상하였다.

박목월의 생가는 경주시 건천읍 모량 2리에 있는 것으로 알려져 있으나 지금은 생가터만 남아 있고 노래비는 경주시 황성공원 내(노래 '얼룩송아지' 새김)에 있고 시비는 서울시 성동구 한양대 교정(시 「산도화」 새김)을 비롯하여 전국 6곳에 남아 있다.

③ 김동리 생가터 및 문학표징비

김동리(1913~1995년, 본명 시종)는 1934년 시 「백로」가 조선일보에 당선되고 단편 「화랑의 후예」가 1935년 조선중앙일보에 당선되면서 문단에 데뷔하였다. 그는 한국문학사에 있어 토착적이고 민족적인 소재를 완벽한 현대적 소설의 미학으로 수용하여 민족문학의 전통을 정립하고 확대시킨 작가로 자리매김되어 있는 인물이다. 그의 대표작 「무녀도」는 서천과 북천이 합쳐지는 집주변 애기소와 양북면 호암리에 있는 기림사를 무대로 삼고 있는데 애기소는 금장대 아래에 있는 못으로 애기청소 혹은 예기청소라고 부른다. 남산동 삼층쌍탑에서 통일전 쪽으로 나오면 눈에 띄는 서출지라는 연못은 뒤에 자리잡은 이요당이라는 정자와 함께 절묘한 조화를 이루는데 「황토기」의 무대가 되는 곳이다. 그의 문학표징비는 경주시 황성공원 내 목월 시비 옆에 세워져 있으며 생가는 경주시 성건동 186번지로 알려져 있으나 현재는 터만 남아 있고, 묘는 경기도 광주군에 있다.

④ 계림, 석빙고, 경주월성, 불국사

백제의 석공 아사달과 그의 아내 아사녀의 가슴 아픈 사랑 이야기가 담겨 있는 석가탑과 영지는 현진건의 소설 『무영탑』의 작품무대가 되는 곳이다.

현진건(1900~1943년, 호는 빙허)은 대구 출생으로 1921년에 발표한 「빈처」로 인정받기 시작하여 김동인과 더불어 한국근대 단편소설의 선구자로 평가받는 인물이다.

석가탑은 국보 제21호로 신라 석탑 양식의 전형이 되며 무영탑으로도 불리며, 영지는 불국사역에서 부산 방면 국도 2㎞ 지점에 있는 연못으로 현재는 저수지로 조성되어 있다.

불국사 입구에는 「사랑가」로 알려진 경주시인 이경록의 시비와 유치환의 시비가 있는데 유치환(1908~1967년, 호는 청마)은 생명파 시인으로 1955~1962년까지 경주에서 교편생활을 하였으며 시비가 불국사를 비롯한 전국 7곳에 남아 있다.

이 외에도 불국사는 청운교, 백운교와 연화교, 칠보교, 자하문, 대웅전을 비롯하여 국보 제20호인 다보탑, 석가탑에서 1966년에 발견된 세계에서 가장 오래된 목판 인쇄물인 무구정광대다라니경(국보 제126호) 등 우리 민족에게 문화민족으로서의 뿌듯한 자부심을 심어 준 사찰이다.

5.6 향토문학관 개관기념 문학강연회

서부도서관에서는 향토문학관 개관을 기념하여 일본의 저명한 문학인을 초청하여 특별강연회를 개최하였다. 2002년 12월 26일 오후 1시부터 2시까지 진행된 강연은 '일본에 알려진 한국의 시인 이상화, 구상에 대하여'를 주제로 미나미 구니카즈 시인이 강연를 진행하였다. 통역은 이승순 시인(음악가)이 맡았다.

5.7 목우 백기만 탄생 100주년 기념 특별전

서부도서관은 우리나라 근대시를 개척한 대구의 향토시인이자, 독립운동가로서 실천적 삶을 산 목우 백기만 선생의 자취와 흔적 속에서 그의 생애와 문학정신, 문화운동의 업적을 재조명하는 기념전을 개최하였다. 전시행사는 2002년 12월 30일부터 2003년 1월 26일까지 서부도서관 현관 로비에 마련된 특별전시장에서 이루어졌다.

- 전시내용
  - 유품, 친필자료, 저서, 시화작품, 연보
  - 관련자료(도서, 정간물, 팸플릿)
  - 테마별 사진자료: '목우와 향리 대구', '고월과 상화와 빙허 현진건', '백기만과 문학활동', '광복 후의 활동', '경북문학협회 창설', '경주국제 펜대회', '세칭 시민문화상을 받는 목우', '영원한 대구인으로', '두류공원에 시비 서다' 등
- 주최: 대구광역시립서부도서관
- 후원: 대구MBC, 죽순문학회

5.8 향토문학기행 – 김천 · 왜관 일대

서부도서관에서는 2003년 2월 25일 향토문학기행을 실시하였다. 문학에 관심이 많은 개인 또는 가족을 대상으로 도서관에서 2월 17일부터 선착순으로 직접 신청한 40명과 오전 8시부터 오후 6시까지 김천 · 왜관 일대를 둘러보며 대구 향토문인들의 생가와 시비 등 문인들의 발자취를 따라가 보았다. 또한 코스별로 작가와 유적지에 대한 자세한 설명을 이희주(전 화랑교육원 교육원 연수부장, 중 · 고교 교장 역임)해설사가 제공하였다.

- 장소: 김천 · 왜관 일대
  - 백기만, 현진건, 이장희 시비, 이상화 동상(두류공원)
  - 정완영 시비(직지사 입구)
  - 정완영 시비, 조위 선생 고택(김천시 봉산면)
  - 배병창 시비, 김기환 문학비, 정완영 시비(김천시 남산공원)
  - 구상문학관(왜관)
- 기행코스: 집결(08 : 00) → 백기만, 현진건, 이장희 시비, 이상화 동상(두류공원) → 대구 출발(08 : 30) → 정완영 시비(직지사) → 정완영 시비, 조위 선생 고택(김천시 봉산면), 중식 → 배병창 시비, 김기환 문학비, 정완영 시비(김천시 남산공원) → 구상문학관(왜관) → 대구 도착(18 : 00)

5.9 향토문학강연회 – 고(故) 윤장근(죽순문학회 회장)

서부도서관은 2003년 3월 8일 고(故) 윤장근 죽순문학회 회장을 초청하여 향토문학강연회를 가졌다.

서부도서관 – 2003년 3월 8일 향토문학강연회 안내문

5.10 향토시인 초청 문학강연회

서부도서관은 2003년 4월 14일 민병도 시인을 초청하여 '문학은 왜 영원한가'에 대하여 이야기를 나누었다.

5.11 시낭송회 및 향토문학강연회

서부도서관은 2003년 5월 19일 도서관 야외 잔디밭에서 시낭송회와 향토문학강연회를 가졌다. 시낭송회는 최효순(동화구연가, 시낭송가, 독서지도사) 씨가 사회를 맡아 진행하였다.

더불어 향토문학강연회에서는 이선영(아동문학가, 대구·경북 색동회 부회장) 강사와 '너는 나에게 특별한 사람이야'를 주제로 이야기를 나누었다.

서부도서관 – 2003년 5월 19일 향토문학강연회 안내문

5.12 향토문학기행 – 두류공원·고령·지산동 등

서부도서관에서는 2003년 8월 14일 향토문학기행을 실시하였다. 문학에 관심이 많은 개인 또는 가족을 대상으로 도서관에서 7월 28일부터 선착순으로 신청을 한 40명과 오전 8시부터 오후 5시까지 두류공원(인물동산)·고령·지산동·화원·월광수변공원 일대를 둘러보며 대구 향토문인들의 생가와 시비

등 문인들의 발자취를 따라가 보았다. 참가자 전원에게는 기행소감을 적을 수 있는 기록장 및 기념엽서, 독서기록장을 배부하였다.

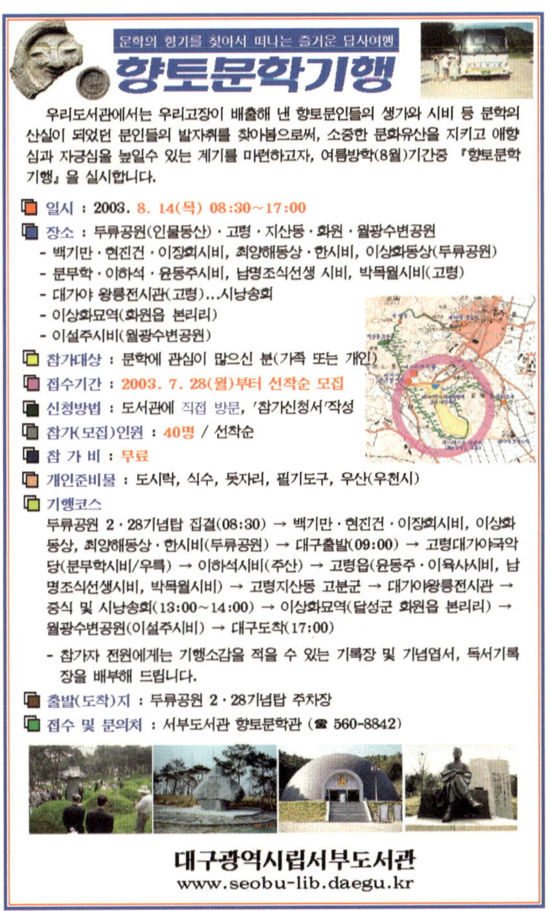

서부도서관 - 2003년 8월 14일 향토문학기행 안내문

- 장소: 두류공원(인물동산) · 고령 · 지산동 · 화원 · 월광수변공원
  - 백기만, 현진건, 이장희 시비, 최양해 동상 · 한시비, 이상화 동상(두류공원)
  - 문무학, 이하석, 윤동주 시비, 남명 조식 선생 시비, 박목월 시비(고령)
  - 대가야 왕릉전시관(고령): 시낭송회

  - 이상화 선생 묘역(화원읍 본리리)
  - 이설주 시비(월광수변공원)
- 기행코스: 두류공원 2·28 기념탑 집결(08 : 30) → 백기만, 현진건, 이장희 시비, 이상화 동상, 최양해 동상, 한시비(두류공원) → 대구 출발(09 : 00) → 고령 대가야국악당(문무학 시비, 우륵) → 이하석 시비(주산) → 고령읍(윤동주, 이육사 시비, 남명 조식 선생 시비, 박목월 시비) → 고령 지산동 고분군 → 대가야왕릉전시관 → 중식 및 시낭송회(13 : 00~14 : 00) → 이상화 묘역(달성군 화원읍 본리리) → 월광수변공원(이설주 시비) → 대구 도착(17 : 00)

5.13 향토문학기행 – 경북 안동 일대

서부도서관에서는 2004년 2월 27일, 2004년 제1기 향토문학기행을 실시하였다. 문학에 관심이 많은 개인 또는 가족을 대상으로 도서관에서 직접 2월 16일부터 선착순으로 신청을 한 40명과 당일 오전 8시부터 오후 6시까지 경북 안동 일대를 돌아보며 대구 향토문인들의 생가와 시비 등 문인들의 발자취를 따라가 보았다.

- 장소: 경북 안동 일대
  - 두류공원(인물동산)
  - 백기만, 이장희 시비, 현진건 문학비, 이상화 동상·시비
  - 최양해 동상·한시비
  - 이현보 노래비(경북 안동시 도산면)
  - 도산서원(도산서당, 농운정사, 진도문, 전교당)
  - 퇴계종택
  - 이육사 생가터: 중식
  - 하회마을(경북 안동시 풍천면)

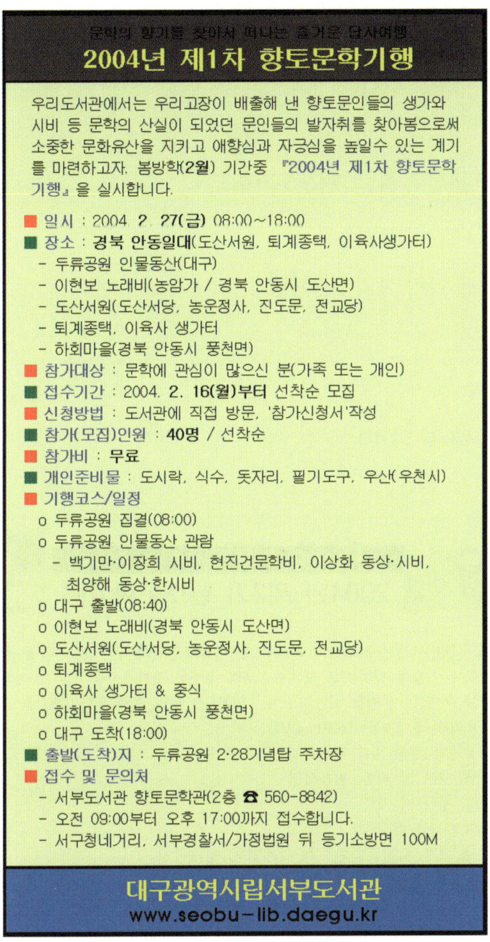

문학의 향기를 찾아서 떠나는 즐거운 답사여행

2004년 제1차 향토문학기행

우리도서관에서는 우리고장이 배출해 낸 향토문인들의 생가와 시비 등 문학의 산실이 되었던 문인들의 발자취를 찾아봄으로써 소중한 문화유산을 지키고 애향심과 자긍심을 높일수 있는 계기를 마련하고자, 봄방학(2월) 기간중 『2004년 제1차 향토문학기행』을 실시합니다.

- 일시 : 2004. 2. 27(금) 08:00~18:00
- 장소 : 경북 안동일대(도산서원, 퇴계종택, 이육사생가터)
  - 두류공원 인물동산(대구)
  - 이현보 노래비(농암가 / 경북 안동시 도산면)
  - 도산서원(도산서당, 농운정사, 진도문, 전교당)
  - 퇴계종택, 이육사 생가터
  - 하회마을(경북 안동시 풍천면)
- 참가대상 : 문학에 관심이 많으신 분(가족 또는 개인)
- 접수기간 : 2004. 2. 16(월)부터 선착순 모집
- 신청방법 : 도서관에 직접 방문, '참가신청서'작성
- 참가(모집)인원 : 40명 / 선착순
- 참가비 : 무료
- 개인준비물 : 도시락, 식수, 돗자리, 필기도구, 우산(우천시)
- 기행코스/일정
  - o 두류공원 집결(08:00)
  - o 두류공원 인물동산 관람
    - 백기만·이장희 시비, 현진건문학비, 이상화 동상·시비, 최양해 동상·한시비
  - o 대구 출발(08:40)
  - o 이현보 노래비(경북 안동시 도산면)
  - o 도산서원(도산서당, 농운정사, 진도문, 전교당)
  - o 퇴계종택
  - o 이육사 생가터 & 중식
  - o 하회마을(경북 안동시 풍천면)
  - o 대구 도착(18:00)
- 출발(도착)지 : 두류공원 2·28기념탑 주차장
- 접수 및 문의처
  - 서부도서관 향토문학관(2층 ☎ 560-8842)
  - 오전 09:00부터 오후 17:00까지 접수합니다.
  - 서구청네거리, 서부경찰서/가정법원 뒤 등기소방면 100M

대구광역시립서부도서관
www.seobu-lib.daegu.kr

서부도서관 - 2004년 2월 27일 향토문학기행 안내문

5.14 향토문학기행 - 경북 영양 일대

서부도서관에서는 2004년 8월 13일 2004년 제2기 향토문학기행을 실시하였다. 문학에 관심이 많은 개인 또는 가족을 대상으로 도서관에서 7월 22일부터 선착순으로 신청을 한 40명과 당일 오전 8시부터 오후 7시까지 경북 영양 일대 문인들의 생가 및 시비를 돌아보며 대구 향토문인들의 생가와 시비 등 문인들의 발자취를 따라가 보았다.

- 장소: 경북 영양 일대
  - 경북 영양 주실마을(조지훈 생가, 월록서당, 지훈문학관, 조지훈, 조동진 시비)
  - 감천 1리 감천마을(오일도 시비)
  - 오일도 생가
  - 영양 분재수석야생화 전시관
  - 영양 서식지
  - 두들문화마을(이문열 생가, 석촌서당, 석계고택, 광산문학연구소, 정부인 안동장씨 유적비)

문학의 향기를 찾아서 떠나는 즐거운 답사여행

2004년 제2기 향토문학기행

서부도서관에서는 우리고장이 배출해 낸 향토문인들의 생가와 시비 등 문학의 산실이 되었던 문인들의 발자취를 찾아봄으로써 소중한 문화유산을 지키고 애향심과 자긍심을 높일 수 있는 계기를 마련하고자, 『2004년 제2기 향토문학기행』을 실시합니다.

■ 일시 : 2004. 8. 13(금) 08:00~19:00
■ 장소 : 경북 영양 일대 문인들의 생가 및 시비
- 조지훈 생가 및 시비, 월록서당
- 오일도 생가 및 시비
- 서석지와 연당마을
- 이문열 생가, 광산문학연구소, 석계고택, 석촌서당
■ 참가대상 : 문학에 관심이 많으신 분(가족 또는 개인)
■ 접수기간 : 2004. 7.22(목)부터 선착순 모집
■ 신청방법 : 도서관에 직접 방문하여 참가신청서 작성
■ 모집인원 : 40명
■ 참가비 : 무료
■ 개인준비물 : 도시락, 식수, 돗자리, 필기도구, 우산(우천시)
■ 기행코스 : 두류공원 출발(08:00) → 경북 영양 주실마을(조지훈 생가, 월록서당, 지훈문학관, 조지훈·조동진 시비) → 감천1리 감천마을(오일도 시비) → 중식(오일도 시비동산) → 오일도 생가 → 영양 분재수석야생화 전시관 → 영양 서석지 → 두들문화마을(이문열 생가, 석촌서당, 석계고택, 광산문학연구소, 정부인 안동장씨 유적비) → 대구 도착(19:00)
■ 출발(도착)지 : 두류공원 2·28기념탑 주차장
■ 접수 및 문의처 : 서부도서관 향토문학관(2층 ☎ 560-8842)
- 접수시간 : 09:00~17:00
- 찾아오시는 길 : 서구청 네거리, 서부경찰서/가정법원 뒤 등기소 방면 100M)

대구광역시립서부도서관

www.seobu-lib.daegu.kr

서부도서관 - 2004년 8월 13일 향토문학기행 안내문

5.15 대구 문단 인물사 발간

서부도서관은 1910년에서 1960년대까지 대구를 중심으로 활동했던 문인 19명의 생애와 작품 이야기를 담은 『대구 문단 인물사』를 발간하여 2010년 11월에 대구지역 중·고등학교 도서관과 공공도서관, 문학관 등에 배포하였다. 책의 집필은 '향토 문단의 살아 있는 문학사전'으로 불리는 원로작가 고(故) 윤장근(이상화기념사업회 회장)이 맡았다.

윤장근 회장의 생생한 경험과 자료를 바탕으로 동시대를 살면서 교류를 나눴던 문인들의 면면을 조명한 차별화된 문단 인물사로서 향토문단의 기록 보존은 물론 찬란한 문화활동의 자취로 남아, 자라나는 세대들에게도 좋은 교육자료가 되어 지역의 향토문학에 대한 구체적이고 살아 있는 정보를 제공하는 데 큰 기여를 하였다.

5.16 향토작가와 함께하는 문화체험

서부도서관은 2011년과 2012년에 걸쳐 '향토작가와 함께하는 문화체험' 행사를 열었다. 2011년엔 '향토작가와 함께하는 문화체험: 팔공산 능성마을 장하빈 시인과의 만남' 행사를 열고 참가자를 선착순 40명 모집해 2011년 6월 11일 오전 9시부터 방짜유기박물관을 관람하고 돌 수집가 채희복 씨가 20여 년간 고서점에서 뒤져 찾아낸 육필시 23편을 바위에 새겨 전시한 작품들을 살펴보았다. 또한 장하빈 시인의 문학강연과 시낭송, 시노래와 민요연주 등의 프로그램으로 구성된 '능성마을 솔밭 시(詩)음악회'를 가졌다.

2012년에도 마찬가지로 선착순으로 모집한 40명과 함께 12월 2일 안동 지례예술촌을 찾아 촌장 김원길 시인과 만남의 자리를 갖고, 우리나라를 대표하는 아동문학작가인 고(故) 권정생 선생의 유품기념관과 생가 및 문학작품 배경지를 방문하였고, 안동영상미디어센터를 찾아 애니메이션 '엄마 까투리'를 관람하였다.

5.17 토요 향토문화 체험

서부도서관은 '체험 중심의 향토문학관 운영'의 일환으로 2012년 3월 31일 도서관 이용자 및 가족 40명이 경주 일대의 동리·목월문학관 및 양동 민속마을로 토요 향토문화 체험활동을 떠났다. 동리·목월문학관을 탐방함으로써 경주 일대의 향토문학에 대한 이해를 높이고 지역문화의 소중함을 고취시키고자 하였다. 버스 안에서는 박해수 시인(문학박사)이 지역문인들의 문학세계와 생생한 일화를 소개해 주어 향토문인들에 대한 이해를 높인 가운데 동리·목월문학관 및 예기소를 방문하면서 문학기행의 재미가 한층 높아졌다.

- 장소: 경주 일대
  - 양동 민속마을: 한국에서 원형이 가장 잘 보존된 전통마을로서 마을의 역사와 규모, 전통가옥의 보존상태, 문화재의 수와 전통성 및 가치, 아름다운 자연환경과 때묻지 않은 향토성으로 우수한 가치를 인정받아 유네스코 세계문화유산으로 지정되었음.
  - 동리·목월문학관: 김동리와 박목월의 7천여 종의 장서와 육필원고를 비롯한 문학자료 1천 5백여 점, 생활유품 2백 50여 점, 추사·운보·월전 등의 애장품 30여 점을 보유하고 있음.
  - 예기소: 김동리의 단편소설인 「무녀도」의 배경이 된 장소로 무녀인 모화가 물속에 빠져 죽은 장소임.

5.18 흑구문학관 문학기행

서부도서관은 '체험 중심의 향토문학관 운영'의 일환으로 지난 2012년 6월 20일 도서관 수필·시창작 수강생을 대상으로 포항 호미곶면에 있는 흑구 한세광 선생을 기리는 흑구문학관과 수필 「보리」의 배경지인 구만리 보리밭 및 이육사 시비와 등대박물관, 기청산식물원을 다녀왔다.

- 장소: 호미곶면 구만리 일대

- 흑구문학관(2012년 5월 19일 개관)
- 1층(전시실 및 영상실: 흑구 선생의 일대기와 주요 작품 전시)
- 한세광 선생의 유물과 작품, 유품, 서적을 모아 재현한 집필공간 전시
- 문화경북 '동해의 검은 갈매기' 영상 관람(대담 영상, 1978년 대구 MBC 촬영)

5.19 2013년 제1~6차 향토문학기행

	2013년 제1~6차 향토문학기행					
차시	1차	2차	3차	4차	5차	6차
목적	향토문학을 지향한 문인 연구 및 작품을 탄생시킨 지역문화 체험을 통해 지역 특유의 향토문학에 대한 이해도를 높이고, 전통문화의 우수성과 자긍심 고취	경북의 향토문학을 지향한 문인 연구 및 작품 탄생 지역의 문화를 체험함으로써 향토자료에 대한 이해도를 높이고 우리 지역문화에 대한 자긍심과 애향심을 고취	한글을 공부하는 어르신을 모시고 전라도 향토문학을 견학하고 그 지역의 문화를 체험함으로써 우리나라 향토문학에 대한 이해도를 높임	다문화가정의 어린이와 함께 신라 문화의 맥을 문학으로 승화한 동리·목월 문학관을 참관하고, 우리 문학의 우수성과 향토 문학에 대한 올바른 이해도를 높임	주부독서회, 도서관 다문화가정 봉사단, 원어민영어반 회원들과 함께 지방에 산재된 향토문학지를 찾아 체험하고 공부함으로써, 각 지역마다 독창적인 문화의 특징과 전통성을 비교	중·고등부 독서회원과 함께 경주지방에 산재된 향토문학지를 찾아 직접 체험하고 공부함으로써, 신라의 독창적인 문화가 향토문학에 미친 영향을 파악하고자 함
일시	2013. 4. 29. 08:30~18:50	2013. 5. 18. 08:30~18:30	2013. 5. 29. 08:30~18:30	2013. 11. 9. 08:30~16:30	2013. 11. 15. 08:30~16:30	2013. 12. 14. 09:00~17:00
장소	전남 순천문학관 및 국제정원박람회 참관 등	경북 영양 지훈문학관, 산채박람회	전남 순천문학관 및 국제정원박람회 참관 등	경주 동리·목월 문학관 및 국립경주박물관 등	경남 함양 지리산문학관 일대	경주 동리·목월 문학관, 최씨고택, 경주향교, 국립경주박물관 등

참가대상	도서관자원봉사자 등 총 28명	도서관 교양강좌반(수필창작, 시창작, 시낭송, 동화창작반 등)	도서관 교양강좌반(한글교실 기초반, 심화반 어르신)	지역아동센터 소속 다문화 및 취약계층 어린이 등 45명 내외	다문화가정 방문교사, 주부독서회, 원어민영어반 등 45명 내외	도서관 중·고등부 독서회원 25명 내외
탐방코스	서부도서관 →전남 순천만 주차장 →순천문학관 관람 및 중식 → 국제정원박람회 관람(자연생태문화 알기) → 국제습지센터 출발 → 서부도서관 도착	영양군청 도착 → 달리는 버스 아카데미 특강 →산채박람회 참관(영양초등학교) →지훈문학관 → 지훈예술제 참가 →영양 출발 → 서부도서관 도착	서부도서관 →순천문학관 → 국제정원박람회 →서부도서관 도착	서부도서관 출발 → 달리는 버스 아카데미 특강 → 박목월 생가 관람→동리·목월 문학관 관람 → 국립경주박물관 견학→ 서부도서관 도착	서부도서관 출발 → 달리는 버스 아카데미 강좌 →지리산문학관도착→ 용추사 관람 →용추계곡 '령' 촬영지 → 연암(박지원) 물레방아공원 탐방→서부도서관 도착	서부도서관 출발 → 동리·목월 문학관 견학 →괘릉 도착 → 최씨 고택, 경주향교, 국립경주박물관→ 서부도서관 도착

1) 2013년 제1차 · 제3차 향토문학기행 주요 탐방장소 및 해설가 소개

① 순천문학관

순천을 대표하는 『오세암』의 저자 아동문학가 정채봉과 『무진기행』의 저자 소설가 김승옥의 생애와 문학사상을 기리기 위해 순천만에 문학관을 건립하였다. 정채봉은 아동문학 부흥에 선구적인 역할을 한 동화작가이며, 김승옥은 순천만을 배경으로 쓴 무진기행의 작가로서 모두 순천을 대표하는 문학인이다.

생명이 살아 숨 쉬는 땅, 순천만에 정원형 초가지붕의 문학관을 건립하였고, 김승옥관, 정채봉관, 다목적관, 관람객이 쉬어가는 공간으로 쉼터와 추설당을 갖추고 있으며, 문학관 명칭은 전국 공모를 통해 순천문학관으로 선정되었다. 정채봉은 방정환 이후 침체된 한국 아동문학 부흥에 이바지한 작가이며, 소설가 김승옥은 대한민국 현대문학을 대표하는 작가 중 하나이다.

② 순천만 국제정원박람회

2013년 순천만 국제정원박람회는 남도의 아름다운 풍경과 함께 사람과 자연, 도시와 습지가 공존하면서 만들어 낸 아름다운 가치를 함께 나누고자 만든 행사이다. 람사르협약에 따라 물새 서식지로 유명한 순천만 습지를 보호하고, 한국정원문화는 물론 세계정원문화까지 공부할 수 있는 공간으로 꾸며놓았다. 특히 갯벌생물, 나무 이야기, 동화 속 정원 등 다양한 볼거리를 제공하고 있으며, 총 4개 코스로, '세상의 풍경' 길은 순천만 자연생태공원, 갯지렁이 다니는 길, 각국의 정원 등을, '습지의 희망' 길은 순천만 국제습지센터, 에코지오 온실 등을, '자연과 동화' 길은 실내정원, 어린이 놀이정원, 순천 호수정원 등을, '초록의 숨결' 길은 한국의 정원, 남동의 숲길, 한방체험관 등을 관람할 수 있다.

③ 향토문인 해설가 초빙(제1차) – 김동원 시인

김동원(金東圓, 1963년~)은 향토문인이다. 경북 영덕에서 태어나 경산대학교 국어국문학과를 졸업하였다. 1994년 문학잡지 「문학세계」를 통해, 시 「차마 한번은 보고픈 여인이 있어」, 「첫사랑」, 「상사곡」, 「그날은 나도 모르게」 4편이 당선되어 등단했다. 현재 대구문인협회 회원, 대구시인협회 이사로서, '텃밭시인학교' 시창작교실을 운영하고 있다(다음 카페 '텃밭시인학교' 참고). 시집 『시가 걸리는 저녁 풍경』(1997, 그루), 『구멍』(2002, 그루), 『처녀와 바다』(2004, 그루), 동시집 『우리나라 연못 속 친구들』(2007, 그루), 에세이집 『시, 낭송의 옷을 입다』(2011, 그루) 등이 있다.

2) 2013년 제2차 향토문학기행 주요 탐방장소

① 달리는 문학아카데미 강좌

- 장호병 수필가 특강(40분)
- 조지훈 문학세계: 한국의 고풍에 대한 이해

② 비디오 강좌

'고서 지혜의 문', 『음식디미방』 알기(EBS 한국기행 영양편)

③ 지훈문학관

지훈문학관은 경북 영양군 일월면 주실길 55번길(전화: 054-682-7763)에 위치하고 있으며, 2007년 5월에 개관을 하였다. 주실마을은 북쪽으로 일월산이 있고, 서쪽에는 청기면, 동쪽은 수비면, 남쪽은 영양읍과 맞닿아 있다. 지훈문학관은 청록파 시인이자 지조론의 학자, 조지훈 선생을 후세에 길이 기리기 위해 건립한 문학관이다. 문학관 현판은 부인인 김난희 여사가 직접 썼으며 단층으로 지어진 170여 평 규모의 미음(ㅁ)자형 목조 기와집이다.

특히 주실마을은 전통마을이면서도 실학자들과의 교류와 개화・개혁으로 이어진 진취적인 문화를 간직한 매우 유서 깊은 마을로, 청록파 시인 조지훈의 생가인 호은종택(경상북도 기념물 제78호)이 마을 한복판에 있고, 옥천종택(경상북도 민속자료 제42호), 월록서당 등 숱한 문화자원들이 지금도 그대로 남아 있다. 호은종택은 주곡마을에 처음 들어온 입향조 조전의 둘째아들 조정형이 조선 인조 때 지은 것으로 경상도 북부지방의 전형적인 양반가의 모습을 하고 있는 미음자형 집으로 정침과 대문채로 나누어져 있다. 매년 5월은 지훈예술제가 열리며 지훈문학관 주위로 각종 문학관련 행사를 참관할 수 있으며 문학과 전통적인 경북 북부지방의 문화를 접할 수가 있다.

이번 향토문학기행에서는 부네 이야기(나무닭움직임연구소), 열린문학강좌(신길우, 강기옥 박사) 지훈시집 가족사인회 등을 관람하고 '한국의 고풍'이란 주제로 열리는 지훈예술제에 참관하였다.

④ 산채박람회

경북 영양은 경북의 청정지역이며 산채음식으로도 유명하다. 예부터 산나물이라고 불려지던 '푸세'는 무침으로, 부침으로, 쌈으로 우리 밥상에 올려졌고 임금님의 수라상에는 국으로, 전으로 올려졌으며 우리의 질병을 치료하는 소중한 약의 재료가 되었다. 민족의 정기가 서려 있는 백두대간 끝자락 일월산의 정기를 듬뿍 받고 자란 영양 산나물은 산나물이 아니고 자연이 선물한 '약초'이기도 하다. 맛은 물론 미네랄, 비타민, 섬유소 등 영양소가 많이 함유되어 있어 자연의 보양식인 웰빙음식으로 지친 현대인들의 기를 북돋아 주는 데 더없이 좋은 음식이 된다.

특히 경북 북부지방의 영양, 안동의 전통음식문화는 그 맥을 꾸준히 지켜오고 있으며, 중심에는 유명한 조선시대 양반가의 조리백과인 『규곤시의방: 음식디미방』(1670)이 있다. 정부인 안동장씨(장계향)의 저서 『음식디미방』은 조선시대 요리서이자 동아시아 최초의 여성이 저술한 조리백과사전이기도 하다.

선조 31년 경북 안동 금계리에서 태어나 영양으로 시집을 와 숙종 6년 83세를 일기로 경북 영양 석보촌에서 타계한 안동장씨는 신사임당과 비견되는 인물이기도 하다. 셋째 아들인 갈암 이현일은 이조판서를 지냈고 법전에 따라 정부인의 품계가 내려졌다. 부인은 행실과 덕이 높았고 83세에 이르기까지 자녀 훈도에 힘을 쏟았으며 이로부터 재령 이씨 가문은 더욱 크게 일어나 훌륭한 학자와 명망 있는 동량들이 대대로 배출되었다. 특히 오늘날 관람하는 산채박람회에는 안동장씨가 남긴 양반가의 요리를 엿볼 수 있다.

⑤ 향토문인 해설가 초빙 – 장호병 수필가

장호병(張昊炳, 1952년~)은 수필가이자 출판인이다. 경북 청송에서 태어나 서강대학교 언론대학원에서 출판학을 전공하였다. 「한국수필」에 작품을 발표하면서 작품활동을 시작하여 『웃는 연습』(1993), 『하프 플라워』(2005), 『실키의 어느 하루』(2011), 『사랑과 이윤』(1992, 공저) 등의 작품집이 있으며, 대구예술공로상, 대구수필문학상, 대구문학상을 수상하였다.

월간 「시사랑」을 창간하여 10여 년 동안 매월 시낭송회를 지속하면서, 대구시교육청의 '좋은 시 읽기 운동'을 이끌어 냈고, 전국 '시사랑 운동'에 불을 지폈다. 대구수필가협회 회장과 육군3사관학교 외래교수, 대구과학대학 겸

임교수를 역임하였다.

현재 대구교육대학교에서 성인을 대상으로 한 창작강좌를 운영하고 있으며, 계간지 「문장」의 주간, 계간지 「문학미디어」의 편집고문, 「한국수필」의 자문위원, '수필과 지성 창작아카데미' 대표, 죽순문학회 회장을 맡고 있다.

3) 2013년 제4차 향토문학기행 해설가 소개

• 향토문인 해설가 초빙 – 우남희 수필가
  - 계명대학교 졸업
  - 한국문협, 대구문협, 한국아동문학인협회, 한국동시문학회 회원
  - 대구매일신문 시민기자, 대구시 문화관광해설사, 대구시교육청 '교육사랑' 기자
  - 토지문학 수필 대상, 동시문학 신인상, 문학저널 신인상 수상

4) 2013년 제5차 향토문학기행 주요 탐방장소 및 해설가 소개

① 지리산문학관

지리산지역의 한문학, 고전문학, 현대문학자료를 수집・전시하고, 지리산문학을 연구하고 지리산문학인을 양성하는 전국 유일의 종합문학관이다. 한의학의 대가인 인산 선생을 기리는 인산학연구회에서 설립하여 운영하고 있다.

② 향토문인 해설가 초빙 – 장호병 수필가

경북 청송에서 태어나 서강대학교 언론대학원에서 출판학을 전공하였다. 「한국수필」에 작품을 발표하여 작품활동을 시작하였다. 『실키의 어느 하루』(2011) 등 다수의 작품집이 있으며, 대구예술공로상, 대구수필문학상, 대구문학상을 수상하였다.

월간 「시사랑」을 창간, 10여 년 동안 매월 시낭송회를 지속하면서 대구시교육청 '좋은 시 읽기 운동'을 이끌어 냈고, 전국적으로 확산시켰으며, 현재

대구교육대학교 및 서부도서관에서 성인을 대상으로 한 창작강좌를 운영하고 있다. 현재 '수필과 지성 창작아카데미' 대표와 죽순문학회 회장을 맡고 있다.

5.20 교과서에 실린 문인과의 만남

서부도서관은 2013년 10월 25일 제1회 '향토아동문학의 날'을 맞아 동시·동화마당과 전시마당을 꾸며 관람행사를 열고 오전 10시 1층 갤러리에서 교과서에 실린 작품을 쓴 문인과 만나는 '꽃밭에서 별을 보며 별밭에서 꽃을 보며' 행사를 진행했다.

5.21 2014년 찾아가는 인문학 콘서트 – 향토작가와 함께 행복 찾기

센트로필하모닉 오케스트라(단장 이경옥)가 주관하는 '2014 찾아가는 인문학 콘서트 – 향토작가와 함께 행복 찾기'가 2014년 10월 11일부터 2015년 4월 10일까지 대구지역 초·중학교 4개교와 서부도서관에서 6회에 걸쳐 진행되었다. 주제강연과 시낭송, 현악 4중주 등이 함께 어우러지는 무대로 꾸며졌다.

5.22 2014년 길 위의 인문학

서부도서관이 주최하는 '2014년 길 위의 인문학' 프로그램이 2014년 8월 20일부터 '향토시인 돌아보기'란 주제로 운영되었다. 장호병 교수의 '상화정신'을 시작으로 8월 20일, 21일, 27일, 28일 4회에 걸쳐 강연과 탐방으로 교차 진행되었다. 또한 9월 18일에 문학토론 및 길 위의 인문학 참가에 대한 후기를 이야기하는 후속 프로그램이 진행되었다.

순번	일정	장르	주제	강사	장소
1	8. 20(수) 10:00~12:00	문학강연 Ⅰ	상화문학의 향기 - 민족·저항시인 이상화 이야기	장호병(수필가, 계간지 「문장」 발행인)	제3 강의실
2	8. 21(목) 10:00~12:00	문학강연 Ⅱ	근대 대구 시인 이야기(작고문인 중심)	이하석(시인, 대구경북작가회 고문)	
3	8. 27(수) 10:00~12:00	문학강연 Ⅲ	현대 대구 시인 이야기(생존문인 중심)	김동원(시인, 대구시인협회 이사)	
4	8. 28(목) 10:00~17:00	문학탐방 - 대구근대골목·팔공산 다락헌 일대	낭독·낭송·토크콘서트 - 근대와 현대 대구 시인을 만나다	• 장하빈(시인) • 곽정희(시낭송가) • 성규징(시노래)	대구 진골목 팔공산
5	9. 18(목) 10:00~12:00	후속 프로그램	참가후기 - 문학토론 및 길 위의 인문학 참가후기	정순희(동화창작반 강사)	제3 강의실

내용 및 사진출처

대구광역시립동부도서관. 2001년 '독서의 달(9월)' 행사안내
http://www.dongbu-lib.daegu.kr/new/board.php?wd=2&page=2&bb_code=4743&br_code=0&view=read&type=&where=sub|con&what=%C7%E2%C5%E4

대구광역시립동부도서관. 백기만 탄생 100주년 기념 특별전
http://www.dongbu-lib.daegu.kr/new/board.php?wd=2&page=1&bb_code=5343&br_code=0&view=read&type=&where=sub|con&what=%C7%E2%C5%E4

대구광역시립동부도서관. 서부도서관. 이상화 탄생 100주년 기념 특별전시회 개최안내
http://www.dongbu-lib.daegu.kr/new/board.php?wd=2&page=116&bb_code=4757&br_code=0&view=read&type=&where=&what=

대구광역시립동부도서관. [체험학습] 향토문학기행(2.25) 참가자 모집
http://www.dongbu-lib.daegu.kr/new/board.php?wd=2&page=1&bb_code=5415&br_code=0&view=read&type=&where=sub|con&what=%C7%E2%C5%E4

대구광역시립동부도서관. 향토문인작가 초청강연회(12월 10일) 개최안내
http://www.dongbu-lib.daegu.kr/new/board.php?wd=2&page=2&bb_code=4851&br_code=0&view=read&type=&where=sub|con&what=%C7%E2%C5%E4

대구광역시립동부도서관. 향토문학관 개관
http://www.dongbu-lib.daegu.kr/new/board.php?wd=2&page=1&bb_code=5342&br_code=0&view=read&type=&where=sub|con&what=%C7%E2%C5%E4

대구광역시립동부도서관. 향토문학기행 참가자 모집
http://www.dongbu-lib.daegu.kr/new/board.php?wd=2&page=2&bb_code=5190&br_code=0&view=read&type=&where=sub|con&what=%C7%E2%C5%E4

대구광역시립동부도서관. 향토문학기행(8.14) 참가자 모집
http://www.dongbu-lib.daegu.kr/new/board.php?wd=2&page=1&bb_code=5568&br_code=0&view=read&type=&where=sub|con&what=%C7%E2%C5%E4

대구광역시립동부도서관. 향토문학자료전시회 개최
http://www.dongbu-lib.daegu.kr/new/board.php?wd=2&page=112&bb_code=4819&br_code=0&view=read&type=&where=&what=

대구광역시립서부도서관 홈페이지
http://www.seobu-lib.daegu.kr

매일신문. 서부도서관. '길 위의 인문학'
http://www.imaeil.com/sub_news/sub_news_view.php?news_id=42210&yy=2014#axzz3O20dhyRd

매일신문. 조향래. 향토 근대문학 뿌리는 향가
http://www.imaeil.com/sub_news/news_print.php?news_id=45757&yy=2001

매일신문. 채정민. 향토작가와 문화체험 참가자 모집
http://www.imaeil.com/sub_news/sub_news_view.php?news_id=27456&yy=2011#ixzz3O2EdDvmW

위키백과. 양동마을
http://ko.wikipedia.org/wiki/%EC%96%91%EB%8F%99%EB%A7%88%EC%9D%84

명봉도서관

주 소	전라북도 정읍시 태인면 태인로 33-9
우편번호	56115
전 화	063-534-8261
팩 스	063-534-8260
홈페이지	http://mblib.winbook.kr

1 명봉도서관

명봉도서관은 재단법인 명봉재단에서 1980년 5월 30일에 개관한 사립 공공도서관이다. 명봉재단은 고(故) 홍수표 선생의 유자녀 일동이 선생의 유지를 계승하여 향리 후진들에게 풍부한 정신적 양식을 심어 주기 위한 취지로서 학문의 개발·보급과 자료의 수집·정리·보존처인 공공도서관을 설치·운영함을 목적으로 삼고 있다. 명봉도서관은 2010년에는 어린이자료실과 향토자료실을 신설하였다.

2 주요 서비스

도서관 2층에 위치한 향토자료실은 향토문화의 어제와 오늘을 담은 자료실로서 1인 사서가 운영하고 있다.

3 시설 및 소장자료 현황

명봉도서관은 현재 총 30,800여 권(어린이자료 1만여 권 포함)의 도서를 제공하고 있으며, 『효경대의』, 『효경언해』, 『상설고문진보대전 전집』, 『상설고문진보대전 후집』, 『공자가어』, 『구황촬요』, 『염락풍아』, 『사문유취초』, 『사요취선』, 『명심보감』 『소왕사기』, 『공자통기』, 『동자습』, 『대명률시』, 『불우헌집』(총 15종)과 같이 총 33책의 향토자료를 제공하고 있다.

명봉도서관 소장자료 현황

분류	총류	철학	종교	사회과학	순수과학	기술과학	예술	언어	문학	역사
권	993	1,956	953	4,441	2,078	1,987	1,730	909	13,229	2,530

명봉도서관 자료실 모습

4 관련부서

명봉도서관은 현재 관장 1인, 사서 1인, 관리 2인으로 운영되고 있다.

대한민국 구석구석 행복여행. [전라북도 정읍시] 명봉도서관
https://korean.visitkorea.or.kr/kor/inut/where/where_main_search.jsp?type=E&gotoPage=&listType=&areaCode=39,4&cid=1941168&menuID=&all=&cate1=&cate2=&cate3=&keyword=
명봉도서관 홈페이지
http://mblib.winbook.kr

부산광역시립시민도서관

주 소	부산광역시 부산진구 월드컵대로 462(초읍동)
우편번호	47103
전 화	051-810-8200
팩 스	051-817-3599
홈페이지	http://www.siminlib.go.kr

1 부산광역시립시민도서관

부산광역시립시민도서관은 1901년 일본 홍도회의 부산지부로 설치된 것으로 1911년에 사립 부산교육회에서 도서관을 승계받아 운영하였고, 1919년 부산부(釜山府)로 이관되어 공립도서관으로 발족하였으며, 1982년 현재의 위치로 신축·이전하였다. 1996년에 도서관 업무의 전산화를 완료하였고 1998년에 이르러서는 고문헌 논문특성화 도서관으로 선정되었다. 지속적으로 도서관의 디지털환경을 확충하고 있고 도서택배대출제도, 평생학습관, 장애인정보누리터, 모바일 라이브러리, 부산전자도서관 등의 풍부한 서비스를 통해 지역의 대표도서관이자 평생교육기관으로서의 역할을 다하기 위해 노력하고 있다.

주요 서비스

2.1 고문헌실

부산광역시립시민도서관은 1901년에 설립되어 100년이 넘는 장구한 역사와 전통을 지닌 근대 공공도서관의 효시로서 한·일 외교관련 자료원본을 비롯하여 국내 최고(古)본으로 추정되는 귀중한 고서와 다수의 해방전일서(解放前日書)를 소장하고 있다. 특성화자료인 고문헌과 해방전일서는 그 사료적 가치가 매우 높아 당시의 향토사와 분야별 근대사를 연구하는 많은 학자 및 연구자에게 귀중한 자료가 되고 있다. 또한 근대 한・일 외교자료, 일제시기 희귀자료, 근현대 신문자료 등을 DB화하여 원문을 제공하고 있다.

부산광역시립시민도서관 고문헌실 정경

주요 자료로 『포은시고』, 한・일 외교관련 비소장귀중본, 소장귀중본, 주요 한국 고서, 주요 일본 고서, 주요 중국 고서, 조선관련 고서 목록, 해방 전 일서 목록, 관련사이트 등의 소개와 안내서비스를 제공하고 있다.

고문헌실의 자료는 폐가제로 운영하고 있으며, 자료는 고문헌실 내에서만 열람이 가능하다. 고문헌실의 일반자료 복사는 불가능하지만 대체자료(마이크로필름, 복사자료 등)에 한해서 복사할 수 있다. 이용시간은 월~토요일 오전 9시부터 오후 6시까지, 일요일은 오전 9시부터 오후 5시까지이다.

2.2 도서 해제의 발간

부산광역시립시민도서관의 도서 해제는 고문헌실 소장자료인 광복 전 일본서적 18,400여 책 중 한국관련 자료로 사료적 가치가 높은 일본 서적 및 순 일본관련 서적을 대상으로 하여 매년 발간하고 있다. 또한 홈페이지에서 고문헌 해제DB를 구축하여 2015년 2월 기준 총 201개의 원문서비스를 하고 있다. 도서 해제의 발간 현황은 다음과 같다.

해제자료 현황 (단위: 종)

순	발행년월	수록 종수	해제자	해제자료
1집	1969. 8	77	김의환	광복 전 조선관계 일본 서적
2집	1970. 6	63	김의환	
3집	1971. 8	86	김의환	
4집	1974. 8	37	김의환	
5집	2002. 12	100	정수미 등	한국 고서 30종, 중국 고서 10종, 일본 고서 20종, 광복 전 조선관계 일본 서적 40종
6집	2003. 12	100	전병철, 정세영	광복 전 조선관계 일본 서적 41종, 해방 전 일본 서적 59종
7집	2004. 12	100	차철욱	광복 전 조선관계 일본 서적
8집	2010. 12	30	정세영	
9집	2011. 12	29	정세영	일본제국주의 침략전쟁관련 서적
10집	2012. 12	10	정세영	조선총독부 시정보고서 등
11집	2013. 12	70	고유정	일본문학관련 64종, 일본 고의서 6종
12집	2014. 12	62	고유정	인문학을 주제로 하는 조선관련 도서

2.3 족보자료실

족보자료실은 1983년에 민간단체인 한국성씨연합회의 주관으로 운영되고 있다. 족보와 문집 4,300여 권을 소장하고 있으며, 부산지역에서는 유일한 족보자료실로 140여 성씨의 족보를 확보하여 이용자들에게 제공하고 있다. 이용시간은 월~토요일 오전 9시부터 오후 6시까지, 일요일에는 오전 9시부터 오후 5시까지이다. 필요한 자료는 방명록 기재 후 자유롭게 열람과 복사가 가능하다.

시설 및 소장자료 현황

고문헌실은 1층에 위치하며, 203m^{2}의 면적에 21개의 좌석을 가지고 있다.

소장자료는 2015년 8월 31일을 기준으로 현재 6,669권이다.

족보자료실은 3층에 위치하며, 89m^{2}의 면적에 6개의 좌석을 가지고 있다. 소장자료로는 족보자료실에 비치된 성씨별, 본관별 문헌 4,300여 권이 있다.

4 관련부서

부서		전화번호
족보자료실		051-817-3832
고문헌실	• 고문헌실 책임관리 · 운영 • 고문헌자료 특성화사업 기획 · 운영 • 고문헌 해제 및 서지작성 • 고문헌 해제관련 일용직 관리	051-810-8278, 8285

내용 및 사진출처

부산광역시립시민도서관 홈페이지
http://www.siminlib.go.kr

부산광역시립중앙도서관

주 소 부산광역시 중구 망양로 193번길 146(보수동 1가)
우편번호 48903
전 화 051-250-0300
팩 스 051-250-0390
홈페이지 http://www.joongangIib.busan.kr

1 부산광역시립중앙도서관

부산광역시립중앙도서관은 1990년 개관 이래 현재 약 46만여 권의 자료를 소장하고 있으며 다양한 정보서비스 제공과 평생학습 생활화를 통한 지역주민들의 삶의 질 향상을 위해 21세기 정보문화센터로서의 역할을 수행하고 있다. 공공도서관의 운영 활성화의 일환으로 추진된 도서관별 특성화사업으로 1998년 2월부터 향토문화콘텐츠 특성화도서관으로 지정되어 부산자료실을 운영하면서 특성화 주제인 부산의 역사와 문화 전반을 담은 다양한 독서문화 프로그램의 개발에 기여하고 있다. 부산자료실은 2015년 '다주제자료실'에 포괄되어 보다 질 좋은 서비스를 제공하기 위해 노력하고 있다.

2 주요 서비스

2.1 다주제자료실

공공도서관 운영 활성화의 일환으로 추진된 도서관별 특성화사업으로 21세기 정보화사회에 부응하는 도서관의 역할을 정립한다는 부산광역시 교육청의 시책에 따라 1998년 2월 향토자료 특성화도서관으로 지정되어 향토자료를 수집하여 이용자에게 제공하고 있으며, '우리 고장 알기 1일 교실' 등 다양한 사업을 펼치고 있다.

부산자료실은 부산에 관한 총체적인 정보를 수집하여 연구자와 일반시민·학생의 이용에 제공하는 정보관이자 부산의 문화와 역사에 대한 정확한 지식과 올바른 인식을 통한 부산시민으로서의 자긍심을 고취하는 교육관의 역할을 수행하고, 향토자료실과 우리 고장의 문화 역사에 대한 지속적인 홍보작업을 기획하고 실행하는 홍보관이기도 하다. 또한 부산관련 정보를 정리하고 보존하기 위해 연중 기증을 받고 있다.

2015년 부산광역시립중앙도서관은 문화체육관광부 도서관정보정책기획단 도서관진흥팀에서 담당하는 '도서관 다문화자료실 설치 및 프로그램 운영 지원사업'에 선정되어 기존의 연속간행물실과 부산자료실, 다문화자료(중국, 일본, 동남아시아, 러시아)를 포괄하여 2015년 1월 6일 복합자료실인 '다주제자료실'을 개설하였다. 이에 폐가제로 이용되던 부산자료실을 개가제로 운영하여 다양한 이용자들이 부산관련 자료를 접할 수 있는 계기가 되었다. 자료의 이용은 열람만 가능하다. 다주제자료실은 다문화가정의 독서 지원, 부산 향토자료의 수집 및 발간사업, 신문·잡지 열람서비스, 장애인을 위한 독서환경 조성을 위하여 노력하고 있다.

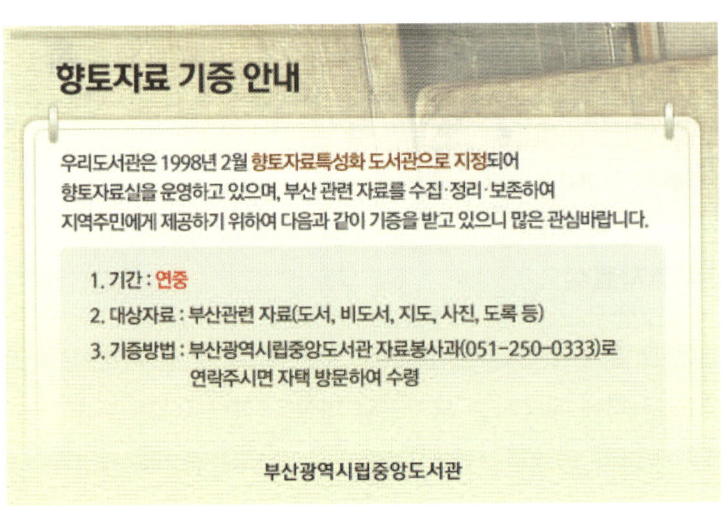

부산광역시립중앙도서관 – 기증안내

2.2 제공서비스

부산자료실의 주요 서비스는 1876년 부산항 개항 전후부터 1970년대까지 부산의 근대역사와 관련된 사진과 부산 근대 사진자료를 액자 또는 파일집으로 제작 · 정리한 목록의 제공과 열람서비스, 한국전쟁과 관련된 도서 및 한국전쟁 당시 전투 경과 요도 등 한국전쟁관련 자료를 정리한 목록 제공 및 열람서비스, 한국전쟁 이후 어려웠던 시절의 부산 사람들의 모습과 당시 부산의 모습을 찍은 최민식 작가의 사진을 패널로 제작하여 일부 전시하고 있으며, 이에 대한 목록 및 열람서비스를 제공하고 있다. 이 외 부산의 위치, 기후, 상징, 역사, 부산을 빛낸 인물들, 부산의 10가지 자랑과 8대 부산의 토산품 및 명물, 부산 포토갤러리, '내 사랑 부산' 자료모음집 등의 자료 제공 및 열람서비스와 '우리 고장 알기 1일 교실' 등 다양한 사업을 펼치고 있다.

2.3 주요 프로그램

1) 부산 근 · 현대사 아카데미(4회차)

부산 근 · 현대사 아카데미는 초등학교 4~6학년을 대상으로 진행된 체험 프로그램이다. 신청은 온라인 및 오프라인으로 받았으며 인원은 최대 15명이다. 2012년에 상반기에 총 4회로 진행되었으며 1회와 2회의 주제는 개항과 일제강점기, 3회와 4회의 주제는 민주항쟁이었다.

2) 책과 함께 하는 부산 향토사 아카데미(4회차)

책과 함께 하는 부산 향토사 아카데미는 중학교 1~3학년 학생을 대상으로 진행된 체험 프로그램이다. 신청은 온라인으로만 받았으며 인원은 최대 30명이다. 2012년 하반기에 총 4회로 진행되었다.

1회에는 『근대를 말하다』(이덕일 저) 책을 주제로 한 독서토론, 부산근대역사관 견학, 독서후기 및 견학후기 쓰기와 발표활동을 하였고, 2회에는 『독립운동자금의 젖줄: 안희제』(이동언 저) 책을 주제로 한 독서토론, 백산기념관 및 용두산공원 일원 견학, 독서후기 및 견학후기 쓰기와 발표활동을 하였다. 3회에는 『사진으로 읽는 한국전쟁』(길광준 저) 책을 주제로 한 독서토론, 40계단문화관 및 중앙동, 영도다리 일원 견학, 독서후기 및 견학후기 쓰기와 발표활동을 하였다. 4회에는 『홍남부두의 금순이는 어디로 갔을까』(이영미 저) 책을 주제로 한 독서토론, 견학, 독서후기 및 견학후기 쓰기와 발표를 하였다. 학생들은 프로그램을 종료한 후 체험활동확인서를 발급받을 수 있다.

3) 향토작가 아카데미

향토작가 아카데미는 중학생 이상의 지역주민을 대상으로 진행된 체험 프로그램이다. 신청은 온라인과 오프라인으로 동시에 받았으며 인원은 최대 40명이다. 2013년에 총 4회 진행되었다.

각각의 주제를 살펴보면, 1회에는 정태규 소설가가 진행한 '정태규 작가와 함께 꿈을 굽다', 2회에는 강영환 시인이 진행한 '시가 있는 지리산', 3회에는 최영철 시인이 진행한 '사랑의 여러 방식', 4회에는 이상섭 작가가 진행한 '굳세어라 국제시장'이었다. 모든 행사는 추첨을 통해 주제로 선정된 도서를 제공했다.

3 시설 및 소장자료 현황

부산자료실의 시설규모는 부산광역시립중앙도서관 3층 86m^2, 26평 46석이며, 소장자료는 관내 열람만 가능하다. 1875년부터 1990년대 부산의 근현대 사진과 자갈치시장 사진 등 427점을 소장하고 있으며 부산시 및 각 지자체발간 자료와 각종 연구보고서, 부산관련 자료 등을 수집하여 이용에 제공하고 있다.

부산광역시립중앙도서관 - 2015년 1월 1일 기준 부산자료실 자료 현황 (단위: 권)

구분	총류	철학	종교	사회과학	순수과학	기술과학	예술	어학	문학	역사	도서소계	비도서	총계
계	140	2	14	1,473	75	225	380	12	401	1,488	4,214	601	4,816

관련부서

부서	전화번호
다주제자료실	051-250-0343~4

관련행사

5.1 '내 사랑 부산, 어제와 오늘 비교' 사진전시회

부산광역시립중앙도서관에서 2007년 6월 13일부터 17일까지 1960~1970년대 부산의 도시 변천상을 볼 수 있는 '내 사랑 부산, 어제와 오늘 비교' 사진전시회를 마련하였다. 도서관 2층 로비에 전시관이 마련되었으며, 관람 시간은 오전 10시부터 오후 4시까지였다. 참여자는 잠시 바쁜 일상을 떠나 옛 부산의 모습을 보고, 우리 고장 특유의 정서와 향수를 느낄 수 있는 시간이 되었다고 한다.

5.2 '근대를 달리는 철도' 사진전

부산광역시립중앙도서관은 2008년 5월 18일부터 22일까지 5일간 근대의 대표적 운송수단인 전차와 기차의 옛 모습을 보여주는 '근대를 달리는 철도' 사진전을 개최하였다. 이는 부산광역시립중앙도서관이 향토자료 특성화도서관으로 부산의 역사 및 문화에 관련된 전시회를 통해 지역주민들에게 근대의 대표적 운송수단인 전차와 기차를 통해 개항 이후 일제강점기까지 우리의 근대사를 돌아보는 계기를 마련하기 위한 것이자, 향토자료 특성화의 일환으로 우리 근대사에 대한 시민들의 폭넓은 이해와 관심을 증진시키고 부산역 등 전국 주요 역사와 그 주변에 어우러진 다양한 삶의 모습을 살펴볼 수 있는 기회가 되었다.

5.3 부산의 원조역사 사진전 - 어제 그리고 오늘이 만난 내일

부산광역시립중앙도서관에서는 2011년 12월 1일부터 8일까지 부산의 원조역사를 되새겨보고, 부산의 미래 비전을 공유하는 계기를 마련하며, 부산광역시 주최의 부산세계개발원조총회(2011.11.29~12.1, 벡스코)를 기념하여 도서관 2층 로비에서 '부산의 원조역사 사진전'을 개최하였다. '원조시절 부산의 생활상', '부산의 오늘' 패널 외 총 52개 패널을 전시하였다.

부산광역시립중앙도서관 - 부산의 원조역사 사진전

부산광역시립중앙도서관 - 전시패널정보

전시패널정보		
한국의 원조(3면)	부산의 원조역사(14면) - 부산으로 들어오는 원조물자들 - 원조물자의 인수 - 원조물자의 배급 - 원조로 세워지거나 운영되었던 시설	부산의 오늘(1면)
언론보도로 본 격동의 부산(7면)	원조시절 부산의 생활상(3면) - 1970년대	Number One Busan!(1면)
한국전쟁기 부산의 생활상(7면)	부산의 어제와 오늘(4면) - 부산의 강, 시장, 부두, 거리 등	부산의 내일(5면)

5.4 향파 이주홍 작가 전시회

부산광역시립중앙도서관에서는 제48회 도서관 주간을 맞이하여 2012년 4월 12일부터 15일까지 향파 이주홍 작가 전시회와 특강을 개최하였다. 부산광역시립중앙도서관 3층 향토자료실에서 이주홍 작가의 사진 및 그림, 서예 작품, 잡지 영인본 등을 전시하였다. 또한 2012년 4월 14일에는 오후 2시부터 4시까지 도서관 내 지하 1층의 제1연수실에서 남송우 교수(현 부산문화재단 대표이사)가 '향파 이주홍의 생애와 문학'을 주제로 강의를 펼쳤다.

2012년 제48회 도서관주간 부산작가전 II
"해같이 달같이만"
향파 이주홍 작가 전시회
(1906~1987)

우리 중앙도서관에서는 제48회 도서관주간 부산작가전 기획으로 향파(向破) 이주홍(李周洪)작가 전시회를 개최합니다. <부산아동문학회>를 만들어 지역 아동문학의 기틀을 마련하였고, 시, 소설, 수필에서 많은 문인들을 길러내어 부산 지역 문학을 한국문학의 중심으로 끌어 올린 향파 이주홍 작가의 생애와 작품을 재조명하오니 여러분들의 많은 관심과 참여 바랍니다.

● **전시 내용**
- 작가의 사진 및 그림, 서예 작품 21점
- 시화 작품 「해같이 달같이만」
- 작품 및 자료
  - 잡지 영인본 : <신소년>, <별나라>
  - 도서 : 「이주홍 아동문학상 수상작품집」, 「톡톡 할아버지」, 「이주홍 문학저널」 외 다수
  - 이주홍문학관 및 이주홍문학축전 관련 자료

부산광역시립중앙도서관 – 향파 이주홍 작가 전시회

5.5 (선생님과 함께 배워 보는) 부산 근·현대사 아카데미

부산광역시립중앙도서관은 2012년에 총 4회에 걸쳐 부산 근·현대사 아카데미를 운영하였다.

▌부산광역시립중앙도서관 – 부산 근·현대사 아카데미

	1회	2회	3회	4회
운영기간	2012년 3월 3일 09:00~16:30	2012년 4월 7일 09:00~16:30	2012년 6월 2일 09:00~16:30	2012년 7월 14일 09:00~12:00
대상 및 인원	초등학교 4~6학년 15명			
접수기간	2012년 2월 18일 ~3월 2일	2012년 2월 18일 ~4월 6일	2012년 2월 18일 ~6월 1일	2012년 2월 18일 ~7월 13일
강사	서창호			
내용	개항과 일제강점기 편: 중앙도서관 출발→백산기념관→초량왜관→용두산공원→근대역사박물관→보수동 헌책방골목→중앙도서관 도착		민주항쟁 편: 중앙도서관 출발→민주공원→시티스폿→BIFF거리→가톨릭센터→보수동 헌책방골목→중앙도서관 도착	동아대학교박물관 출발→임시수도기념관→동아대학교박물관→보수동 헌책방골목→중앙도서관 도착
비고	1. 초등학교 저학년, 유아, 보호자 동반 등은 되지 않습니다. 2. 1~2회가 동일하게 진행되오니 신청 시 참고하시기 바랍니다.			

5.6 책과 함께 하는 부산향토사 아카데미

부산광역시립중앙도서관에서는 중학생들을 대상으로 독서와 견학을 통하여 부산의 향토사를 배우는 '책과 함께 하는 부산향토사 아카데미'를 다음과 같이 운영하였다.

	1회	2회	3회	4회
운영 기간	2012년 9월 1일 09:00~13:00	2012년 10월 13일 09:00~13:00	2012년 11월 3일 09:00~13:00	2012년 12월 8일 09:00~13:00
대상 및 인원	중학교 1~3학년 30명 이내			초등 5~6학년 및 중학생 1~3학년 30명 이내
접수 기간	2012년 8월 23일 ~11월 30일 (매회 선착순)	2012년 8월 23일 ~10월 12일 (매회 선착순)	2012년 8월 23일 ~11월 2일 (매회 선착순)	2012년 8월 23일 ~12월 7일 (매회 선착순)
강사	서창호(교육학 박사, 보수초 교사), 김하영(부민초 교사)			
집결지	보수동 책방골목문화관	보수동 책방골목문화관	보수초등학교 도서실	보수동 책방골목문화관
내용	독서토론(『근대를 말하다』, 이덕일 저), 부산근대역사관 견학, 독서후기 및 견학후기 쓰기, 발표	독서토론(『독립운동자금의 젖줄: 안희제』, 이동언 저), 백산기념관 및 용두산공원 일원 견학, 독서후기 및 견학후기 쓰기, 발표	독서토론 (『사진으로 읽는 한국전쟁』, 길광준 저), 계단문화관 및 중앙동, 영도다리 일원 견학, 독서후기 및 견학후기 쓰기, 발표	『흥남부두의 금순이는 어디로 갔을까』(이영미 저) 책 읽고 독서후기 작성, 보수동 책방골목문화관 인근 북카페 견학

- 참고사항
  - 체험활동에 대한 확인서가 발부되었다.
  - 책을 미리 읽고 오면 프로그램 활동 시에 많은 도움이 된다.
  - 준비물: 필독 책(가능한 사람에 한함), 필기구, 노트, 독서후기 요약문 (도서관 홈페이지 해당 게시글 참조)
  - 참여인원 10명 미만 시 프로그램은 운영하지 않는다.

5.7 향토작가 아카데미

부산광역시립중앙도서관은 지역작가와 지역주민의 만남과 소통의 장인 향토작가 아카데미를 2013년에 총 4회, 2014년에 총 4회 개최하였다.

① 2013년 향토작가 아카데미

	1회	2회	3회	4회
운영 기간	2013년 4월 13일 오전 10:00~11:30	2013년 6월 8일 오전 10:00~11:30	2013년 9월 14일 오전 10:00~11:30	2013년 11월 9일 오전 10:00~11:30
제목	정태규 작가와 함께 '꿈을 굽다'	강영환 시인의 '시가 있는 지리산'	최영철 시인의 '사랑의 여러 방식'	'굳세어라 국제시장' 작가 이상섭과 함께 지역의 이야기를 찾아서
대상 및 인원	지역주민 40명		학생 및 지역주민 40명(선착순 모집)	
장소	시청각실(4층)			
강사	정태규(소설가)	강영환(시인)	최영철(시인)	이상섭(소설가)
참조	강연 후 10명을 추첨하여 산문집 『꿈을 굽다』(2012년, 산지니) 증정	강연 후 20명을 추첨하여 강영환 시인의 시집 『불일폭포 가는 길』(2012년, 책펴냄열린시) 증정	12명을 추첨하여 최영철 작가의 육필시선집 『엉겅퀴』(2012년, 지식을만드는지식) 증정	14명을 추첨하여 이상섭 작가의 『굳세어라 국제시장』(2012년, 도요) 증정

2013년 제1회 향토작가 아카데미

작가 초청 강연회

정태규 작가와 함께 "꿈을 굽다"

우리 도서관에서는 정태규 작가를 모시고
초청 강연회를 개최하오니 여러분들의 많은 관심과 참여 바랍니다.

- ♣ 일시 : 2013. 4. 13.(토) 10:00 ~ 11:30
- ♣ 장소 : 중앙도서관 시청각실 (4층)
- ♣ 강사 : 정태규 소설가
- ♣ 대상및인원 : 지역주민 40명
- ♣ 신청방법 : 전화, 방문, 홈페이지 등 선착순
- ♣ 접수기간 : 3. 28.(목) 09:00 ~ 4. 12.(금) 18:00
- ♣ 강연 후 10명을 추첨하여 정태규 작가의 산문집 『꿈을 굽다』 (2012. 산지니) 증정
- ♣ 신청및문의 : 향토자료실 ☎250-0343~4

^ 부산광역시립중앙도서관 – 2013년 제1회 향토작가 아카데미

2013년 제2회 향토작가 아카데미

강영환 시인의 "시가 있는 지리산"

우리 도서관에서는 향토작가 강영환 시인을 모시고 다음과 같이
초청 강연회를 개최하오니 여러분들의 많은 관심과 참여 바랍니다.

- 일시 : 2013. 6. 8.(토) 10:00 ~ 11:30
- 장소 : 중앙도서관 시청각실 (4층)
- 신청대상 : 학생 및 지역주민 40명
- 신청방법 : 전화, 방문, 홈페이지 등 선착순
- 신청기간 : 5. 23.(목) 09:00 ~ 6. 7.(금) 18:00
- 강연 후 20명을 추첨하여 강영환 작가의 시집 『불일폭포 가는 길』 (2012. 책펴냄열린시) 증정
- 신청및문의 : 3층 연속간행물실 ☏250-0343~4

부산광역시립중앙도서관
BUSAN METROPOLITAN JUNGANG MUNICIPAL LIBRARY

부산광역시립중앙도서관 – 2013년 제2회 향토작가 아카데미

② 2014년 향토작가 아카데미

	1회	2회	3회	4회
일시	2014년 4월 12일 오전 10:00~11:30	2014년 6월 14일 오전 10:00~11:30	2014년 9월 20일 오전 10:00~12:00	2014년 11월 1일 오전 10시
장소	중앙도서관 시청각실(4층)			
대상 및 인원	지역주민 및 학생 40명			
접수 방법	전화, 홈페이지 선착순 접수			
강사	조향미 시인 (영도여고 교사)	문재원 (부산대학교 교수)	정영선 작가	이민아 작가
참조	강연 후 10명을 추첨하여 『시인의 교실』 증정	10명에게 도서 증정(김정한, 이주홍 저서)	정연선 작가의 『물컹하고 쫀득한 두려움』 증정	이민아 작가의 『아왜나무 앞에서 울었다』 증정 ※ 추첨 10명에게 도서 증정

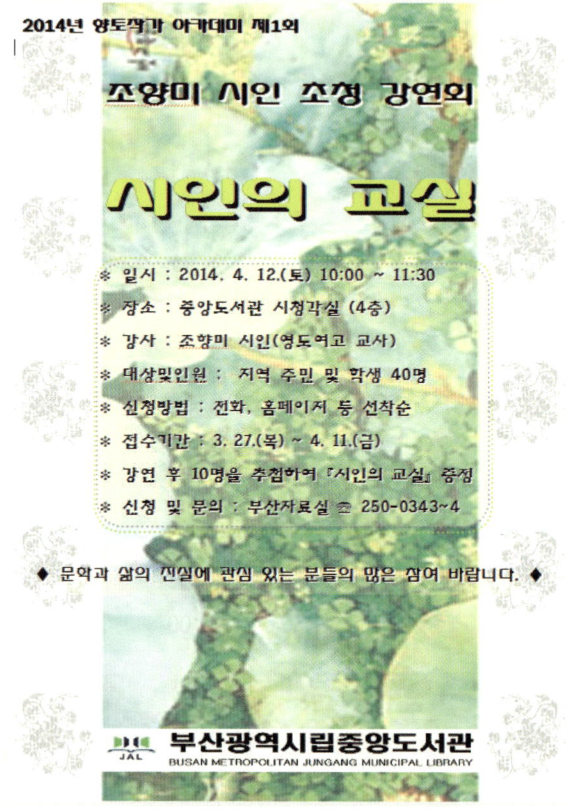

^ 부산광역시립중앙도서관 – 2014년 제1회 향토작가 아카데미

“물컹하고 쫀득한 두려움”

※ 일시 : 2014. 9. 20.(토) 10:00 ~ 11:30
※ 장소 : 중앙도서관 시청각실 (4층)
※ 강사 : 정영선(부끄러움들, 물컹하고 쫀득한 두려움 작가)
※ 대상 : 지역 주민 및 학생 40명
※ 신청방법 : 전화, 홈페이지 등 선착순
※ 접수기간 : 9. 2.(화) ~ 9. 19.(금)
※ 참가자 10명 추첨하여 작가의 책 증정
※ 신청 및 문의 : 부산자료실 ☎ 250-0343~4

JAL 부산광역시립중앙도서관
BUSAN METROPOLITAN JUNGANG MUNICIPAL LIBRARY

^ 부산광역시립중앙도서관 – 2014년 제3회 향토작가 아카데미

2014 제4회 향토작가 아카데미

"아왜나무 앞에서 울었다"

※ 일시 : 2014. 11. 1.(토) 10:00 ~ 11:30
※ 장소 : 중앙도서관 시청각실 (4층)
※ 대상 : 지역 주민 및 학생 40명
※ 신청방법 : 전화, 홈페이지 등 선착순
※ 접수기간 : 10. 16.(목) ~ 10. 31.(금)
※ 참가자 10명 추첨하여 작가의 책 증정
※ 신청 및 문의 : 부산자료실 ☎ 250-0343~4

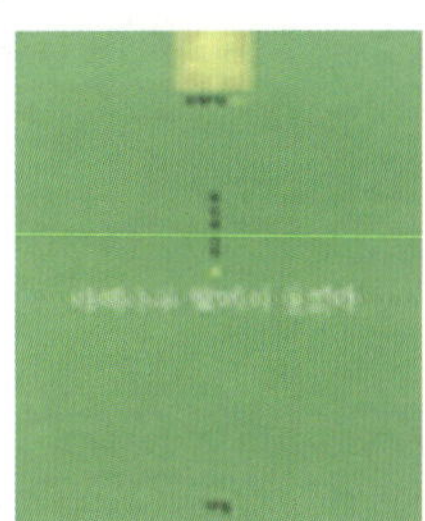

JAL 부산광역시립중앙도서관
BUSAN METROPOLITAN JUNGANG MUNICIPAL LIBRARY

부산광역시립중앙도서관 – 2014년 제4회 향토작가 아카데미

5.8 그림으로 보는 '부산의 옛 거리'전

부산광역시립중앙도서관은 2014년 4월 12일부터 18일까지 도서관 1층 다목적실에서 배천순 서양화가가 근현대사에 나타나는 역사현장들을 광목 천위에 담은, 그림으로 보는 '부산의 옛 거리'전을 개최하였다.

5.9 우리 고장 알기 퀴즈대회

부산광역시립중앙도서관은 2014년 9월 3일부터 30일까지 9월 '독서의 달'을 맞이하여 '우리 고장 알기 퀴즈대회'를 개최하였다. 도서관 1층 안내 데스크에서 지역주민 누구나 참여할 수 있었으며, 부산시민공원에 관련된 3문항의 정답을 적어서 응모함에 넣으면 정답자 5명을 추첨하여 1만 원 상당의 선물을 증정하였다.

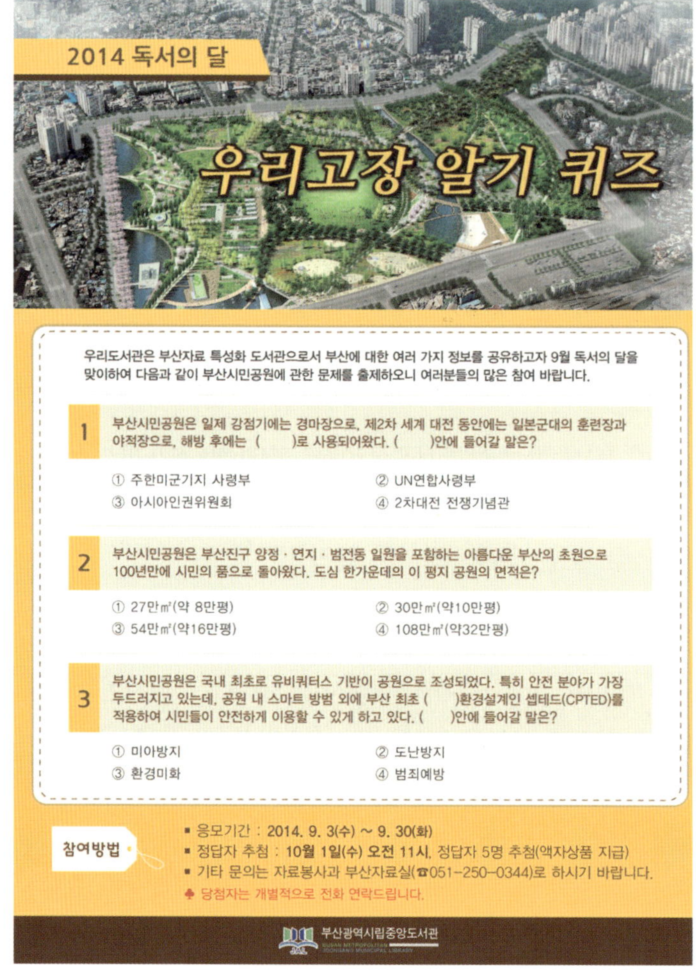

부산광역시립중앙도서관 – 우리 고장 알기 퀴즈 안내

5.10 부산의 민속놀이 전시회

부산광역시립중앙도서관은 2014년 9월 3일부터 30일까지 9월 '독서의 달'을 맞이하여 '부산의 민속놀이' 전시회를 개최하였다. 지역주민이라면 누구나 도서관 2층 로비에서 관람할 수 있었으며, 부산의 지역적 특성이 잘 나타나는 '동래야류 좌수영어방놀이' 등 민속놀이를 그림과 함께 전시하였다.

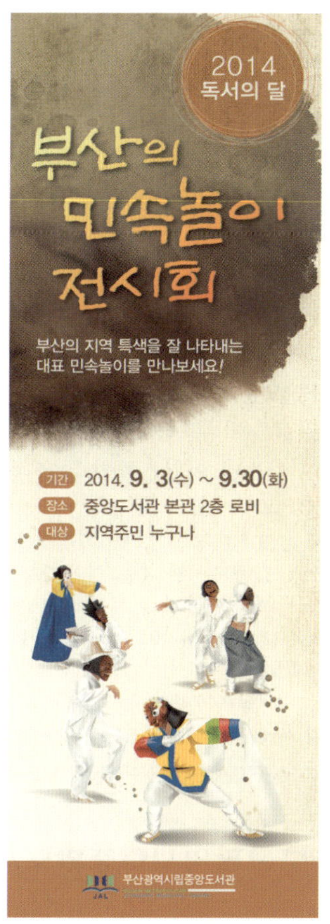

^ 부산광역시립중앙도서관 - 부산의 민속놀이 전시회

5.11 청소년 인문학 특강 - 부산을 스토리텔링하다

부산광역시립중앙도서관은 2014년 9월 13일 오전 10시부터 12시까지 부산의 다양한 모습을 관념적인 역사가 아닌 인문학적 접근을 통해 부산에 대한 이해를 돕고자 인문학 특강을 개최하였다. 부산 시내 중·고등학생을 대상으로 한 이번 특강은 도서관 내 시청각실에서 이루어졌으며 『부산은 넓다』의 저자 유승훈 씨가 강사로 참여하였다.

^ 부산광역시립중앙도서관 - 부산을 스토리텔링하다

5.12 사진으로 보는 '근대 부산 이야기' 전시회

부산광역시립중앙도서관은 2014년 10월 14일부터 11월 13일까지 근대 부산의 중・동구지역의 모습을 담은 사진작품 20여 점을 도서관 1층 다목적실에서 전시하는 행사를 개최하였다.

- 기간 : 2014. 10. 14(화) ~ 11. 13.(목)
- 장소 : 중앙도서관 1층 다목적실
- 내용 : 근대 부산 「중, 동구 지역」 의 모습을 담은 사진작품 20여점 전시
- 문의 : 부산자료실 ☎ 250-0344

부산광역시립중앙도서관
BUSAN METROPOLITAN JUNGANG MUNICIPAL LIBRARY

부산광역시립중앙도서관 - 근대 부산 이야기

뉴시스. 강재순. 부산시립중앙도서관, 근대를 달리는 철도 사진전
http://news.naver.com/main/read.nhn?mode=LSD&mid=sec&sid1=102&oid=003&aid=0002096841
부산광역시립중앙도서관 홈페이지
http://www.joonganglib.busan.kr

부천시립심곡도서관

주 소 경기도 부천시 소사구 성무로 24(심곡본동)
우편번호 14751
전 화 032-625-4588
팩 스 032-625-4599
홈페이지 http://simgok.bcl.go.kr

1 부천시립심곡도서관

부천시립심곡도서관은 1985년 3월 25일 부천시 최초의 역사 주제 전문도서관으로 개관하였다. 부천시가 2000년 3월에 시립도서관 도서관리통합시스템을 구축하면서 전자정보실을 개설하였고 다음해 3월에는 전자정보실, 아동실, 세미나실을 확장하고 멀티영상자료실을 신설하였다. 특히 부천시는 작은도서관을 활용한 상호대차서비스를 지방자치단체 중 처음으로 시작하였다. 현재 시립도서관 8개관, 작은도서관 19개관, 대학도서관 2개관(부천대, 가톨릭대), 부천시청행정자료실, 부천역민원센터 사이에 상호대차가 활발히 운영되고 있으며, 부천시립도서관 관외대출회원의 경우 부천대학교 몽당도서관과 가톨릭대학교 도서관의 소장자료를 부천시립도서관을 통해 대출이 가능하다.

2 주요 서비스

부천시립심곡도서관은 역사 주제 전문도서관의 특성을 살려 체계적으로 역사관련 장서들을 수집・대출하고, '향토역사테마교실' 운영 등 역사와 관련된 문화 프로그램을 개발하여 시행하고 있다. 부천시에 있는 6곳의 시립도서관과 도서관리통합시스템을 통하여 상호대차서비스를 시행하고 있으며 인터넷 등을 통해 책 대여를 신청하면 도서관에서 책을 배달해 주는 책 배달서비스도 진행하고 있다.

평생교육의 일환으로 자녀독서논술교실, 문학사랑방교실 등 다양한 문화교실 운영과 영어 스토리텔링 프로그램 등을 실시하고 있다. 이 외에도 독서생활화를 위한 기반을 조성하기 위해 초등부, 중등부, 고등부, 일반인을 대상으로 한 사이버독서회 및 독서토론회를 운영함으로써 시민들이 주도적으로 참여하는 열린도서관을 조성하고자 노력하고 있다.

3 시설 및 소장자료 현황

부천시립심곡도서관은 연면적 2,500m^{2}에 지하 1층, 지상 4층으로 되어 있다. 1층에는 아동실·대출실·시청각실·구내식당이 배치되어 있고, 2층에는 전자정보실·독서토론실이 있다. 3층은 역사주제전문자료실·일반열람실(여)이고, 4층은 일반열람실(남)과 학생열람실이다.

층	구분	면적(m^2)	열람석(석)
지하 1층	기계실	310	-
	전기실	252	-
	서고	263.03	-
1층	제1자료실(종합자료실)	148	-
	아동실	192.51	30
	구내식당	78	-
2층	제2자료실(전자정보실)	309.46	34
3층	역사자료실	148.50	22
	여자열람실	313.50	158
4층	남자열람실	313.50	158
	시청각실	74.25	36
	세미나실	74.25	36
계		2,450	474

2015년 1월 31일 기준으로 심곡도서관 자료 현황은 다음과 같다. 또한 PC 15대, 노트북 2대, DVD콤보 9대, 어학기기 5대가 구비되어 있으며, 열람실의 열람석은 총 658석이다.

심곡도서관 2015년 1월 31일 기준 소장자료 현황

종류	일반 도서	참고 도서	아동 도서	카세트 테이프	비디오 테이프	DVD	잡지	신문
계	110,817	5,456	38,956	2,022	857	8,269	62	16

4 관련부서

직위	담당업무	전화번호
심곡도서관팀장	심곡도서관팀 업무총괄	032-625-4580
주무관	자료실 운영, 상호대차서비스, 문화교실 운영	032-625-4581
주무관	아동실 운영, 문화교실 운영, 자원봉사관리	032-625-4582

5 관련행사

5.1 교과서 속으로 떠나는 역사탐험대

1) 2012년 1월 3~14일

부천시립심곡도서관은 2012년 1월 3일부터 14일까지 '교과서 속으로 떠나는 역사탐험대'를 운영했다. 수업대상은 초등학교 4~5학년 학생 30명이었으며, 오전 10시부터 12시까지 2시간씩 진행되었다. 별도의 참가비는 없었으나, 20,000원의 재료비와 필기도구, 색연필 또는 사인펜, 가위, 풀 등의 개인지참 준비물이 있었다. 관련교과는 2011년 개정판 5학년 사회과목이었다.

- 수업목표
  - 역사를 공부해야 하는 의미와 역사와 나와의 관계를 생각해 본다.
  - 각 시대별로 나타난 나라별 흐름을 이해할 수 있다.
  - 역사의 주요 사건을 원인과 결과를 따져 논리적으로 사고할 수 있는 시간을 갖는다.

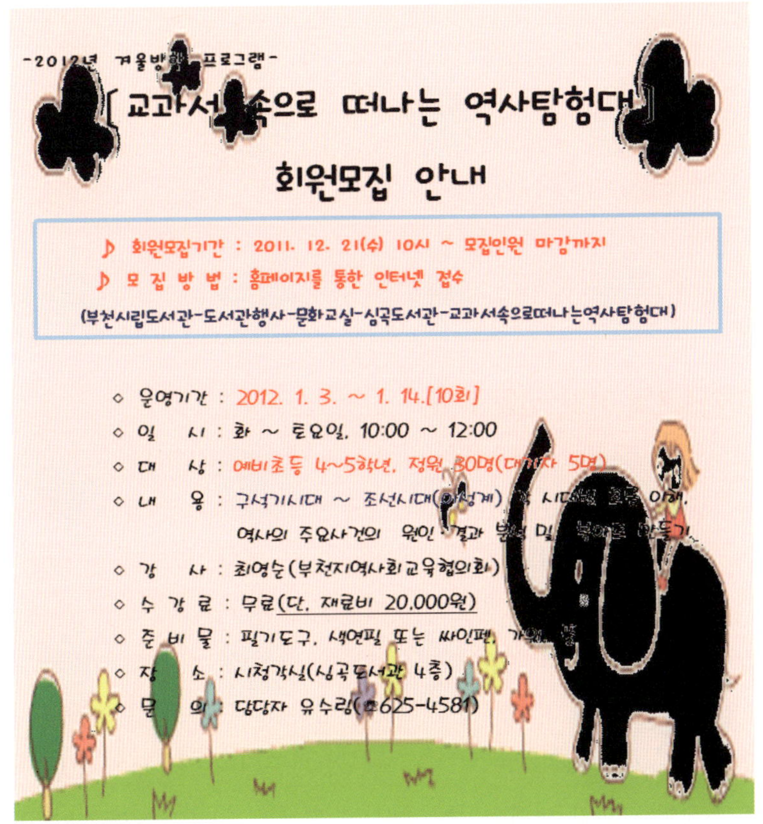

부천시립심곡도서관 – 2012년 겨울 '교과서 속으로 떠나는 역사탐험대' 안내문

▌부천시립심곡도서관 – 2012년 겨울 '교과서 속으로 떠나는 역사탐험대' 일정표

차시	일자	수업주제
1차시	1월 3일	역사가 시작되다 – 인류의 기원과 도구의 구분
2차시	1월 4일	단군왕검! 최초의 국가 고조선을 건국하다
3차시	1월 5일	박혁거세! 사로국에서 신라로 이어지다
4차시	1월 6일	주몽! 고조선의 뒤를 이은 고구려를 건국하다
5차시	1월 7일	온조! 마한을 통합하고 백제를 건국하다
6차시	1월 10일	김수로! 철의 나라 가야를 기억하라
7차시	1월 11일	대조영! 고구려의 계승자가 발해를 일으키다
8차시	1월 12일	후삼국! 영웅들의 시대가 시작되었다
9차시	1월 13일	왕건! 다시 하나의 나라로 고려가 일어나다
10차시	1월 14일	이성계! 새로운 나라를 만들자
• 개인준비물: 필기도구, 풀, 가위, 색연필 또는 사인펜 • 1차시부터 10차시까지 나만의 역사책이 제작될 예정임 • 수업내용과 결과물은 변경될 수 있음		

2) 2012년 7월 31일~8월 11일

부천시립심곡도서관은 2012년 7월 31일부터 8월 11일까지 '교과서 속으로 떠나는 역사탐험대'를 운영했다. 수업대상은 초등학교 4~5학년 학생 30명이었으며, 오전 10시부터 12시까지 2시간씩 진행되었다. 별도의 참가비는 없었으나 20,000원의 재료비와 필기도구, 색연필 또는 사인펜, 가위, 풀 등의 개인지참 준비물이 있었다. 관련교과는 5학년 사회과목이었다.

- 수업목표: 역사는 전쟁과 함께 시작되었다고 볼 수 있다. 석기시대에는 자연, 청동기시대에는 땅, 그 후 국가가 만들어지면서 무기의 발달 등으로 전쟁의 규모가 확대되었다. 하지만 전쟁은 우리 역사에 커다란 영향을 주었고, 새로운 나라와 문화, 사회를 형성하는 원동력이기도 했다. 우리 역사에는 어떤 전쟁이 있었는지, 전쟁이 우리 역사에 어떤 영향을 미쳤는지, 우리 조상들이 침입에 맞서서 어떻게 싸웠는지를 알아보고, 본 수업을 통하여 우리 조상들의 나라사랑정신과, 평화의 중요성을 알아보고자 한다.

- 2012년도 여름방학 문화프로그램 -

교과서 속으로 떠나는 역사탐험대 회원모집

-전쟁으로 배우는 우리 역사-

▷ 회원모집기간 : 2012. 7. 17.(화) 10시 ~ 회원모집 마감까지

▷ 모 집 방 법 : 홈페이지를 통한 인터넷 접수

(부천시립도서관-도서관행사-문화교실-심곡도서관-교과서속으로떠나는역사탐험대)

◇ 운영기간 : 2012. 7. 31. ~ 8. 11.(10회)

◇ 일 시 : 화 ~ 토요일, 10:00 ~ 12:00

◇ 대 상 : 초등 4~5학년, 정원 30명(대기자 5명)

◇ 내 용 : 고조선 ~ 조선시대별 전쟁을 통해 배우는 우리 역사

→ 수업을 다 들으면 한권의 역사책이 완성됩니다.

◇ 강 사 : 최영순(부천지역사회교육협의회)

◇ 수 강 료 : 무료(단, 재료비 20,000원)

◇ 준 비 물 : 필기도구, 색연필 또는 싸인펜, 가위, 풀

◇ 장 소 : 시청각실(심곡도서관 4층)

◇ 문 의 : 유수림(☎625-4581)

※ 심곡도서관 환경개선공사관계로 전화문의 바랍니다.^^

부 천 시 립 심 곡 도 서 관

^ 부천시립심곡도서관 – 2012년 여름 '교과서 속으로 떠나는 역사탐험대' 안내문

부천시립심곡도서관 – 2012년 여름 '교과서 속으로 떠나는 역사탐험대' 일정표

차시	일자	수업주제
1차시	7월 31일	한나라와의 전쟁과 고조선의 멸망
2차시	8월 1일	수나라야! 물렀거라! 살수대첩
3차시	8월 2일	안시성 전투와 고구려의 멸망
4차시	8월 3일	5천 대 5만의 싸움, 황산벌 전투
5차시	8월 4일	당나라를 꺾고, 삼국을 통일하다!
6차시	8월 7일	거란을 물리치다! 귀주대첩
7차시	8월 8일	몽고의 침입과 삼별초의 항쟁
8차시	8월 9일	임진왜란과 정유재란
9차시	8월 10일	병자호란과 삼전도의 굴욕

10차시	8월 11일	전쟁사 지도 만들기
• 개인준비물: 필기도구, 풀, 가위, 색연필 또는 사인펜 • 1차시부터 10차시까지 나만의 역사책이 제작될 예정임 • 수업내용과 결과물은 변경될 수 있음		

5.2 한반도 속의 유물 찾기

부천시립심곡도서관은 2012년 3월 20일부터 24일까지 '한반도 속의 유물 찾기' 프로그램을 진행하였다. 프로그램은 화요일부터 토요일까지 진행되었으며 도서관 내 세미나실에서 실시되었다.

한반도 속의 유물 찾기

회원모집 안내

- 운영기간 : 2012. 3. 20. ~ 3. 24.[5회 수업]
- 일 시 : 화 ~ 금요일 19:00 ~ 21:00 / 토요일 16:00 ~ 18:00
- 장 소 : 심곡도서관 세미나실
- 대 상 : 역사에 관심 있는, 초등학생 자녀를 둔 부모
- 모집인원 : 30명(대기자 5명 포함)
- 모집기간 : 2012. 3. 7.(수) 오전 10시 ~ 정원마감까지
- 방 법 : 홈페이지를 통한 인터넷 접수
- 강 사 : 최영순 (부천지역사회교육협의회)
- 강의내용 : 각 시대별 대표유물을 만들면서 그 시대를 이해하고, 우리아이의 역사 길라잡이역할을 수행할 수 있는 능력 배양

차시	일 자	주 제	수 업 내 용
1차시	03월 20일	고구려	1.500년 전의 그림. 고분벽화
2차시	03월 21일	백제	가장 오래된 탑. 미륵사지 석탑
3차시	03월 22일	신라	천년의 아름다움. 금관
4차시	03월 23일	고려	아름다운 고려청자
5차시	03월 24일	조선	우리나라 건국지도 만들기

* 수업 내용은 변경될 수 있습니다.
* 개인 준비물 : 칼, 가위, 30cm자, 딱풀, 싸인펜, 색연필, 필기도구

- 수강료 : 무료(단, 재료비 2만원)
- 문의전화 : 유수림(☎625-4581)

부천시립심곡도서관 – '한반도 속의 유물 찾기' 안내문

5.3 손에 잡히는 역사교실

① 2013년 상반기 - 손에 잡히는 역사교실

부천시립심곡도서관은 2013년 3월 5일부터 5월 21일까지 성인을 대상으로 한 '손에 잡히는 역사교실' 프로그램을 운영하였다. 매주 화요일에 오전 10시부터 12시까지 총 12회 운영되었고, 도서관 내 시청각실에서 진행되었다. 수강료는 무료이나, 교재비는 개인이 부담하였다. 한국사 학습 및 관련 유적지를 답사하였고, 강의주제는 다음 표와 같다.

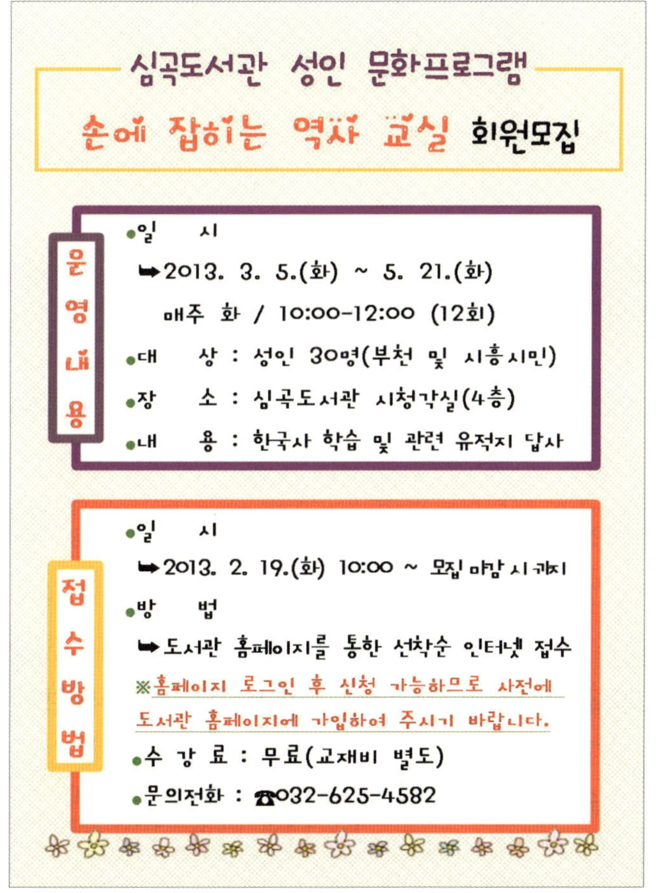

부천시립심곡도서관 - 2013년 상반기 '손에 잡히는 역사교실' 안내문

▌부천시립심곡도서관 – 2013년 상반기 '손에 잡히는 역사교실' 강의주제

차시	강의주제
1	도구의 변화로 보는 선사시대
2	단군신화와 고조선 이야기
3	박물관에서 보는 불교문화(현장답사: 국립중앙박물관 불교미술실)
4	고분벽화에 그려진 고구려사람들
5	유물과 유적으로 보는 백제 역사
6	황금의 나라, 신라
7	'신라사람들의 이상향' 불국사, 석굴암
8	흐름으로 보는 고려의 대외항쟁
9	고려의 대표 문화재 – 고려청자, 팔만대장경, 직지심체요절
10	조선의 궁궐, 경복궁 이야기(현장답사: 경복궁)
11	새 도읍지, 한양이야기
12	한국의 세계문화유산 만나기 – 조선왕릉

② 2013년 하반기 – 손에 잡히는 역사교실

부천시립심곡도서관은 2013년 9월 3일부터 11월 26일까지 성인을 대상으로 한 '손에 잡히는 역사교실' 프로그램을 운영하였다. 매주 화요일에 오전 10시부터 12시까지 운영되었고, 도서관 내 시청각실에서 진행되었다. 조선시대부터 근현대사까지 체계적인 역사학습을 한국체험학습강사협회 소속 서미선 강사가 강의를 진행하였다. 수강료는 무료이나, 교재비는 개인이 부담하였다.

▌부천시립심곡도서관 – 2013년 하반기 '손에 잡히는 역사교실' 강의계획서

차시	강의주제
1	한국인의 일생의례
2	우리의 옛집, 한옥 이야기(현장답사: 남산 한옥마을)
3	조선의 과학문화재
4	조선시대의 교육과 과거제도
5	사화와 당쟁

6	한국의 세계기록문화유산 만나기 - 조선왕조실록, 의궤
7	임진왜란과 병자호란
8	정조의 꿈이 담긴 수원화성을 찾아서(현장답사: 수원화성)
9	풍속화로 보는 조선후기 사회변화
10	대원군의 개혁과 병인양요, 신미양요
11	일제의 강점과 독립운동(현장답사: 서대문형무소)
12	남북분단의 비극, 한국전쟁

심곡도서관 성인대상 프로그램
손에 잡히는 역사 교실 추가 회원 모집

- 운영일시 : 2013. 9. 3. - 11. 26.[12회]/ 매주 화 10:00 - 12:00
- 장 소 : 심곡도서관 시청각실(4층)
- 강 사 : 서미선 선생님(한국체험학습강사협회 소속)
- 운영내용 : 조선시대 ~ 근현대사까지 체계적인 역사학습
- 대 상 : 역사에 관심 있는 성인(부천 및 시흥 시민)
- 모집인원 : 6명(대기자 5명)
- 모집일시 : 2013. 8. 20.(화) 10:00 ~ 마감 시 까지
- 접수방법 : 도서관 홈페이지를 통한 인터넷 선착순 접수
- 수 강 료 : 무료(교재비 별도/만원 내외)
- 문의전화 : 심곡도서관 운영 담당 ☎ 032-625-4582

부천시립심곡도서관 - 2013년 하반기 '손에 잡히는 역사교실' 안내문

5.4 향토사교실

부천시립심곡도서관은 2004년에 초·중·고교생 및 일반인을 대상으로 선착순 모집하여 '부천에서 출토된 유물·유적 알아보기' 등의 주제로 '향토사교실'을 운영하였다.

5.5 역사논술

부천시립심곡도서관은 초등학생과 어른을 위한 논술강좌를 2008년부터 2009년까지 운영하였다. 특히 어른을 대상으로 한 논술강좌는 '역사논술'로서, 25명을 선착순으로 모집해 2008년에는 8월 21일부터 매주 목요일마다 총 15회 진행되어 향토유적지를 견학하면서 흥미 갖기, 표현력 향상, 올바른 글쓰기, 읽고 느낀 점 표현하기 등의 프로그램을 진행하였다. 2009년에도 선착순 신청자 25명을 대상으로 8월 20일부터 11월 26일까지 매주 목요일 오전 10시부터 12시까지 도서관 4층 세미나실에서 다양한 글쓰기활동과 향토유적지 견학 프로그램을 운영하였다.

5.6 향토역사 퀴즈왕 선발대회

부천시립심곡도서관은 초등학교 3학년 학생들을 대상으로 '향토역사 퀴즈왕 선발대회'를 개최하였다. 이를 위해 2004년 12월 10일까지 도서관에서 참가자를 모집하였으며, 12월 20일 소사국민체육센터에서 오후 1시부터 '도전 골든벨' 형식으로 진행되었다. 문제의 내용은 지역의 역사와 시정에 관한 것이 출제되었으며 부천시에서는 상위 5명에게 시장 표창과 함께 상품권을 수여하였다.

동아일보. [인천/경기] 게시판
http://news.donga.com/3/all/20090724/8759422/1
동아일보. [인천/경기] 게시판
http://news.naver.com/main/read.nhn?mode=LSD&mid=sec&sid1=102&oid=020&aid=0000236203
디지털부천문화대전 홈페이지
http://bucheon.grandculture.net/Contents?local=bucheon&dataType=01&contents_id=GC01600577
부천시립도서관 홈페이지
http://www.bcl.go.kr
부천시립심곡도서관 홈페이지
http://simgok.bcl.go.kr
연합뉴스. [교육소식] 인천·경기
http://news.naver.com/main/read.nhn?mode=LSD&mid=sec&sid1=102&oid=001&aid=0000843676
연합뉴스. 김창선. 부천 심곡도서관 '논술강좌' 운영
http://news.naver.com/main/read.nhn?mode=LSD&mid=sec&sid1=102&oid=001&aid=0002183088
위키백과. '심곡도서관'
http://ko.wikipedia.org/wiki/%EC%8B%AC%EA%B3%A1%EB%8F%84%EC%84%9C%EA%B4%80

서울도서관

주 소	서울특별시 중구 세종대로 110
우편번호	04524
전 화	02-2133-0300, 0301
홈페이지	http://lib.seoul.go.kr

1 서울도서관

서울도서관은 5m 높이의 벽면서가, 장애인자료실, 서울자료실 등을 갖추고 서울 시내 도서관 자료를 한 번에 파악할 수 있는 통합 도서검색서비스를 지원하고 있다. 특히, 1926년 청사 건립 당시의 회벽과 홀, 중앙계단을 그대로 복원하여 건물 자체가 서울의 역사적 상징성을 가지고 있다.

서울도서관은 서울지역 내 도서관에서 중심 역할을 수행하고 있으며, 서울의 정보중심지이자 서울지역 도서관정책을 수립하고 시행하는 서울의 대표 도서관이다.

2 주요 서비스

2.1 지식DB '서울지식정보'

서울도서관은 서울행정과 정책연구, 서울학에 관한 지식 및 정보에 대해 사서가 도서관 소장자료를 중심으로 답변을 제공하고 답변결과를 전문가와 시민이 공유하는 개방형 지식DB '서울지식정보'를 운영하고 있다.

온라인 참고봉사서비스를 통한 지식공유의 장인 '서울지식정보'는 도시정책, 도시행정, 도시경제, 도시환경, 도시문화, 도시공간 및 구조, 정보화, 서울학, 기타의 9개 주제별로 서울지식정보를 분류하여 검색할 수 있도록 서비스하고 있다. 또한 서울시의 각 실국본부에서 발행되는 연감, 백서, 보고서 등의 간행물을 원문DB화하여 주제별·발행처별 서비스를 제공하고, 서울 정보길잡이 및 연구동향정보 등에 대한 온라인서비스와 서울관련 웹정보원 35개 기관에 대한 링크서비스를 제공하고 있다. 서울지식정보에서 제공하는 서비스는 다음과 같다.

1) 온라인 정보서비스

서울행정과 정책연구, 서울학에 관한 지식 및 정보에 대해 사서가 도서관 소장자료를 중심으로 답변하는 참고봉사서비스(Reference Service)이다. '질문하기' 게시판을 통해 질문을 올리면 '질문보기' 게시판에서 질문이 공개가 되어 모든 이용자가 볼 수 있으며 질의응답결과는 서울지식공유서비스와 연동된다.

온라인 정보서비스 주제별 분류

서울도서관 온라인 정보서비스 주제별 분류								
도시 정책	도시 행정	도시 경제	도시 환경	도시 문화	도시 공간 및 구조	정보화	서울학	기타

2) 협력형 정보서비스

협력형 온라인 지식정보서비스(Collaborative Digital Reference Service: CDRS) '사서에게 물어보세요'는 국가도서관 및 지역대표도서관, 전국의 도서관과 협력하여 이용자가 도서관에서 찾고자 하는 지식정보를 제공하는 서비스이다. 이는 기존의 '서울도서관 사서에게 물어보세요' 서비스가 변경된 것으로 기존과 동일하게 서울 및 서울시정에 관한 질문 또한 접수한다.

3) 서울지식공유

'서울지식공유'서비스는 전문가와 시민이 함께 서울에 관한 각종 질의에 대한 답변결과를 공유하는 개방형 지식DB이다. 질문은 서울지식정보에서 제공하는 '주제별 분류' 카테고리에 접속하여 알고자 하는 정보를 주제별로 선택하여 볼 수 있다. 서울지식정보 주제별 분류는 다음과 같다. 질의응답결과는 온라인 정보서비스와 연동된다.

서울지식정보 주제별 분류

분류	상세내용
도시정책	여성정책 / 주택정책
도시행정	인사 / 재무 / 행정 / 기술심사 / 기획
도시경제	경제정책 / 국제협력 / 투자유치 / 생활경제 / 외국인생활 / 일자리정책 / 사회적기업 / 창업소상공인정책 / 지원 / 육성 / 사업 / 복지 / 보건
도시환경	기후환경 / 생활환경 / 안전 및 방재 / 소방재난 / 문화정책 / 관리 / 시설 / 사업 / 문화산업(영상 / 게임애니 / 패션) / 도시디자인(시설물 / 경관 / 빛 / 광고물) / 문화재(유산)
도시문화	교육 / 예술 / 관광 / 체육
도시공간 및 구조	도시계획 / 교통 / 공원녹지
정보화	전자정부 / IT투자심자 / 웹서비스 / 통계정보 / 정보화 / GIS / 정보보호 / 보안 / 유시티(정책 / 서비스 / 인프라) / IT기획 / 정보자원
서울학	역사 / 지리 / 사회 / 문화 / 정치 / 경제 / 생활 / 풍속 / 민속 / 건축 / 도시사 / 문학 / 언어
기타	기타 / 이관

① 서울관련 웹정보원

서울도서관의 '서울지식공유'서비스에서는 서울과 관련한 웹정보원들을 소개하고 있다. 2015년 10월 21일을 기준으로 현재 34개의 사이트 링크를 제공한다.

② 서울 정보길잡이

'사서에게 물어보세요' 서비스를 이용한 서울정보 질의응답서비스이다.

③ 연구동향정보

서울의 정책, 행정, 서울학과 관련한 학술연구 및 보도정보 등을 제공하고 있다.

4) 이달의 서울자료

서울시 행정간행물과 서울학 자료를 소개하고 있다. 자료는 서울도서관 3층 서울자료실에서 열람이 가능하다.

5) 서울원문DB

서울시의 각 실국본부에서 발행되는 연감, 백서, 보고서 등 간행물의 원문 DB이다. 주제별 보기와 발행처별 보기를 제공한다.

서울원문DB 주제별 분류

분류	내용
총류	도서학, 서지학 / 문헌정보학 / 일반 학회, 단체, 협회, 기관 / 신문, 저널리즘
사회과학	통계학 / 경제학 / 사회학, 사회문제 / 정치학 / 행정학 / 법학 / 교육학 / 풍속, 예절, 민속학 / 국방, 군사학
자연과학	물리학 / 지학 / 생명과학 / 식물학 / 동물학
기술과학	의학 / 농업, 농학 / 공학, 공업일반, 토목공학, 환경공학 / 건축공학 / 기계공학 / 전기공학, 전자공학 / 화학공학 / 제조업 / 생활과학
예술	건축술 / 공예, 장식미술 / 서예 / 회화, 도화 / 사진예술 / 음악 / 공연예술 및 매체예술 / 오락, 스포츠
어학	한국어 / 영어
문학	한국문학 / 프랑스문학
역사	아시아 / 지리

서울원문DB 관련부서별 'ㄱ' 분류

가

- 가스과
- 가양하수처리사업소
- 가정복지과
- 가정복지국 가정복지과
- 가정복지담당관
- 가족보육담당관
- 감사관
- 감사관 감사담당관
- 감사관 평가담당관
- 감사관 하도급개선담당관
- 감사담당관
- 감사실
- 강남구
- 강동구
- 강서구
- 건강가정지원센터
- 건강도시추진반
- 건강증진과
- 건설관리국
- 건설교통부
- 건설교통위원회
- 건설국
- 건설국 도로운영과
- 건설국하수과
- 건설기획국 건설행정과
- 건설기획국 도로계획과
- 건설시험소
- 건설안전관리본부
- 건설안전본부
- 건설자재시험소
- 건설행정과
- 건축과
- 건축사회
- 건축지도과
- 경영기획실
- 경쟁력강화본부
- 경쟁력정책담당관
- 경제진흥과
- 경제진흥실
- 경찰국

- 고용안정과
- 공공디자인과
- 공무원교육원
- 공보관
- 공보담당관
- 공원과
- 공원녹지과
- 공원녹지관리사업소
- 공원녹지국
- 공직자윤리위원회
- 관광과
- 관광진흥과
- 관광진흥담당관
- 관악구
- 관재과
- 광복50주년기념사업 추진위원회
- 광암아리수정수센터
- 광진구
- 교육위원회
- 교육청
- 교통개선총괄반
- 교통계획과
- 교통관리사업소
- 교통관리실
- 교통국
- 교통기획과
- 교통방송본부
- 교통운영개선기획단
- 교통운영과
- 교통운영담당관
- 교통정책과
- 교통정책담당관
- 구로구 기획예산과
- 구선수원지수질시험실
- 구의수원지사무소
- 구의수원지사업소
- 구조구급과
- 구획정리과
- 국제교류과

- 국제협력과
- 국제협력담당관
- 균형발전본부
- 균형발전추진본부
- 금융도시담당관
- 금천구 기획예산과
- 기록관
- 기술심사담당관
- 기술심의관실
- 기획관리관
- 기획관리실
- 기획관리실 법무과
- 기획관리실 법무담당관
- 기획관리실 시정개발 담당관실
- 기획관리실 심사평가 담당관
- 기획관리실 예산담당관
- 기획관리실 전산통계 담당관
- 기획국 심사분석과
- 기획담당관
- 기획예산과
- 기획예산실 법무담당관
- 기획조정실
- 기획조정실 기획과
- 기획조정실 기획관리관
- 기획조정실 기획담당관
- 기획조정실 예산담당관
- 기획조정실 평가담당관
- 기후대기과
- 기후환경본부 생활환경과
- 기후환경본부 생활환경과 석면관리팀
- 기후환경본부 환경정책과
- 기후환경본부 환경행정 담당관
- 기후환경본부 환경협력 담당관
- 긴급구명안내센터

2.2 도서관 네트워크

① 서울의 도서관 찾기

서울의 공공도서관, 작은도서관, 장애인도서관 등 890여 개 도서관의 위치와 이용인내를 검색할 수 있다.

② 헌책방에서 보물 찾기

서울 시내 구석구석 숨어 있는 100여 개 헌책방의 위치와 이용안내정보를 살펴볼 수 있다.

2.3 향토문화콘텐츠실

서울도서관 3층 서울자료실, 서울기록문화관, 구시장실 복원공간을 활용한 독립적인 향토문화콘텐츠실을 운영하고 있다.

향토문화콘텐츠실 실별 이용안내

구분	이용안내		이용시간	이용문의
서울자료실	내용	서울시 및 정부기관 발간물로 행정과 정책 연구자료, 서울학 자료 및 각종 학회지 비치	09:00~18:00	02-2133-0306
	대상	모든 이용자(미취학아동은 보호자 동반)		
	이용	개가제, 실내 열람(대출불가)		
서울기록문화관	자료	주요 시정기록물 원문 등		
	대상	모든 이용자(미취학아동은 보호자 동반)		
	이용	주요 기록물 열람 및 전시관람		
복원공간	내용	옛 청사 시장실, 접견실, 기획상황실 복원		
	대상	모든 이용자(미취학아동은 보호자 동반)		
	이용	전시관람		

① 서울자료실

서울자료실은 서울시 및 정부기관 발간물로 행정과 정책연구자료, 서울학 자료 및 각종 학회지를 소장하며 개가제 방식으로 모든 이용자(미취학아동은 보호자 동반)에게 실내 열람서비스를 제공하고 있다.

② 서울기록문화관

서울기록문화관은 서울특별시의 기록과 정보를 시민과 공유하는 지식공간이자 서울시민과 서울특별시의 소통공간으로, 서울의 과거와 현재, 그리고 미래를 잇는 역사공간으로서의 역할을 담당한다. 면적 290.5m^2(약 88평) 규모의 공간에 주요 시정기록물 원문 등의 자료를 소장하며 주제별 시정 주요 기록물 전시 및 원문 열람서비스 제공과 서울의 역사성·다양성을 공유하고 기록관리의 미래상을 제시하는 방향으로 연출된 기록물을 전시함으로써 서울의 기억 공유를 위한 기능을 담당한다.

③ 복원 및 전시공간

서울기록문화관 옆 구청사의 역사성을 되살리고 시민 체험 및 교육장소로 활용하고자 옛 청사 시장실, 접견실, 기획상황실을 복원하였다. 해방 이후 반세기 동안의 주요 시정 및 각 공간의 역사성을 살릴 수 있도록 옛 집기, 가구 등을 그대로 설치함으로써 최대한 원형(원래 모습대로)에 가깝게 재현하고, 주요 결재서류 등 상징성 있는 주요 시정자료를 전시하고 있다. 또한 주요 시정을 영상으로 상영함으로써 시정 이해의 장으로 활용하며, 박제된 공간이 아니라 활용가능한 살아 있는 공간으로 시민 체험 및 포토존 공간으로 이용되고 있다. 복원공간은 모든 이용자(미취학아동은 보호자 동반)가 전시관람을 위해 이용할 수 있으며, 전시구성의 세부사항과 전시공간의 활용내용은 다음과 같다.

- 구시청사 시장실 복원·전시
- 서울 시민의 삶에 영향을 끼친 역대 주요 문서 및 주요 통계자료 전시·

열람
- 공간의 주제를 부각시킬 수 있는 역대 시정사진자료 및 행정박물 전시
- 역사적 의미를 효과적으로 전달할 수 있는 다양한 매체와 연출기법 도입

서울도서관 복원 및 전시공간

구분		전시내용
도입부	1~3층 계단	서울시청의 특별한 사진 및 시청광장에서 일어난 사건 사진 전시
	외부벽면	• 원래 있었던 옛 서울(테라코타) 및 현재 서울(위성사진) 전시 • 패널 및 DID 구현을 통한 구시장실 안내
기획상황실		• 탁자, 의자, 역대 시장 사진 등 설치, 옛 모습 재현 • 주요 시정 선정, 관련자료 등 전시, 시정사 소개 • 주요 시정을 영상으로 상영
접견실		• 타원형 탁자, 의자 등 접견실 옛 모습 재현 • 자매결연 및 우호도시를 중심으로 한 시장선물 및 MOU 체결각서 등 전시(접견실 밖 복도에 시장선물 진열장을 제작·설치하여 시장선물 전시) • 교류의 장으로 구성
시장실		• 옛 집무실 가구로 분위기 재현 • 서울시 로고를 이용한 포토존 설치

관련부서

서울특별시 정보공개정책과전화: (02-2133-0381)에서 전시업무, 서울자료실, 서울정보원, 서울지식정보서비스 관리업무를 담당한다.

서울도서관 향토관련 업무별 전화번호

업무	전화번호
• 서울자료실 운영에 관한 사항 • 서울관련 특화콘텐츠 개발과 서울학 자료 수집 • 파손도서, 서가부재도서 관리 • 청구기호 등 정리오류도서 관리 • 딸림자료와 보존서고 자료관리	02-2133-0242 02-2133-0306

업무	전화번호
• 서울자료실 자료 특별대출 / 반납 / 자료배가 • 협력형 참고봉사서비스와 주제전문자료 제공 • 연속간행물 인수관리, 장비관리, 자료실 환경정비 • 자료해제와 기획전시 코너 관리 • 서울자료 찾기와 서울지식DB 구축에 관한 사항	02-2133-0306
• 디지털콘텐츠 개발과 'OAK Repository' 운영관리 • 서울시 원문DB 구축사업, 저작권 관리업무 • 서울시 자료와 정부간행물 MARC 검수와 품질관리 • 재정리도서 정리와 교열 등	02-2133-0251
• 서울시 간행물 납본, 배부, 공유서가 관리 • 서울시 간행물 ISBN / ISSN 관리 • 기증자료 수집관리(시민기증, 정부간행물, 비도서 등) • 서울시 자료 보존과 교환자료 관리	02-2133-0255

시설 및 소장자료 현황

2015년 2월 28일 기준 서울도서관 일반도서 현황은 다음과 같다.

(단위: 권)

종류	총류	철학	종교	사회과학	자연과학
계	11,778	11,986	5,745	109,632	7,949
종류	기술과학	예술	언어	문학	역사
계	46,833	21,923	7,554	48,719	21,848
전체 합계	293,970				

2015년 2월 28일 기준 정기간행물 및 전자정보자료 현황은 다음과 같다.

구분	정기간행물(종)	전자정보자료			
		학술DB(종)	DVD(점)	오디오북(점)	e-Book(권)
국내서	497	4	8,156	1,737	10,149
국외서	52	-	39	-	100
합계	549	4	8,195	1,737	10,249

5 관련행사

5.1 서울시 제조업 특화지역 현장스케치 사진전

'서울시 제조업 특화지역 현장스케치 사진전'은 서울시 도저의 전통제소산업, 우리 동네의 그 현장을 찾아서 공장들과 거기서 일하는 시민들의 모습, 그들의 애환과 희망, 그리고 미래를 공유하자는 취지로 기획되었다. 2013년 3월 14일부터 24일까지 서울도서관 1층 기획전시실에서 개최된 사진전은 오늘날의 서울이 있기까지 성수동 구두공장에서부터 창신동 봉제공장까지 수많은 이들의 땀과 노력을 느낄 수 있는 장소로서 서울의 역사성과 역동성이 잘 나타나며 이를 통해 서울시민과 함께 제조업 특화지역을 이해하고 공유하는 계기가 되었다.

서울시 제조업 특화지역 현장스케치 사진전

5.2 2013 서울시 좋은 간판 공모전

'2013 서울시 좋은 간판 공모전'에서는 간결하면서도 고급스러운 느낌으로 한복업체라는 특성을 잘 나타낸 평가를 받아 영예의 대상을 차지한 종로구 삼청동 '질경이' 간판부터 서울시 간판개선사업으로 개선하게 된, 단순하면서도 세탁소라는 업종을 효과적으로 나타내어 금상의 영예를 안은 '백노세탁'의 간판을 2013년 11월 1일부터 12일까지 만나 볼 수 있었다. 사진작품 전시와 함께 공공디자인, 간판과 관련된 서울도서관 소장도서도 원형서가에 전시되었다.

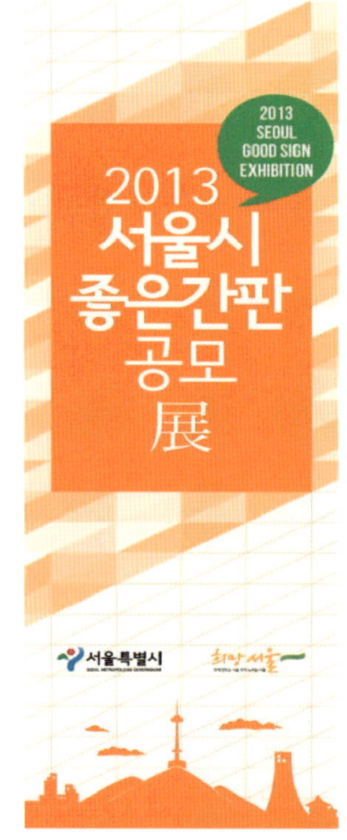

^ 2013 서울시 좋은 간판 공모전

^ 2014 서울시 간판공모전

5.3 2014 서울시 간판 공모전

옥외광고물의 수준향상과 바람직한 광고문화 정착을 위해 '2014 서울시 간판 공모전'이 개최되었다. 2014년 10월 7일부터 12일까지 진행된 이번 공모전은 화~금요일은 오전 9시부터 오후 9시까지, 토~일요일은 오전 9시부터 오후 6시까지 서울도서관 1층 기획전시실에서 진행되었다.

5.4 '사미르, 낯선 서울을 그리다'전

'사미르, 낯선 서울을 그리다'전은 젊은 프랑스 만화가 사미르의 이국적인 시선과 힘 있는 터치의 이미지가 만나 완성된 '익숙하지만 낯선 서울'의 새로운 풍경을 통하여 서울이라는 도시가 지닌 새로운 가치를 다시 발견해 볼 수 있도록 2014년 11월 11일부터 30일까지 서울도서관 1층 기획전시실에서

'사미르, 낯선 서울을 그리다'전

진행된 행사이다. 주최는 서울도서관과 서울문화재단이, 주관은 서랍의날씨 사(社)가 맡았다.

5.5 '우리 동네 헌책방 가는 길'전 – 헌책방 체험수기 공모전 당선작 전시

서울도서관은 '한 평 시민책시장'사업의 일환으로 실시한 '우리 동네 헌책방 체험수기 공모전' 당선작을 2014년 12월 2일부터 7일까지 서울도서관 1층 기획전시실에서 전시하는 행사를 가졌다.

'우리 동네 헌책방 가는 길'전

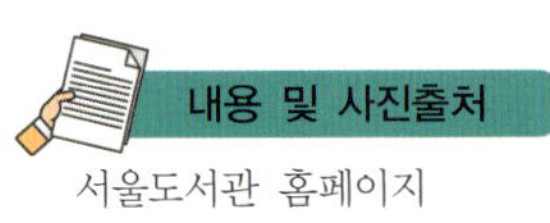

내용 및 사진출처

서울도서관 홈페이지
http://lib.seoul.go.kr

성남시중앙도서관

주 소 경기도 성남시 분당구 판교로 546
우편번호 13514
전 화 031-729-4500
팩 스 031-729-4629
홈페이지 http://ct.snlib.net

1 성남시중앙도서관

성남시중앙도서관은 2001년에 개관하여 30만 권의 도서와 1만여 점의 비도서를 확보하고 지역사회 중심의 도서관으로서 역할을 다하고 있다. 최근에는 「장애인차별금지법」에 따라 정보소외계층을 위한 웹 접근성 지침을 준수하여 홈페이지를 개편하였다. 2005년에는 시문학 특성화 자료실과 독서치료 상담실을 개관하였다. 행정・향토자료를 특화자료로서 843권(원문: 311권)을 보유하고 있다. 관련서비스에 대한 문의는 성남시중앙도서관(전화: 031-729-4623)에서 종합적으로 운영하고 있다.

2 주요 서비스

성남시중앙도서관 홈페이지에서 성남의 향토문화에 대한 정보를 제공하고 있다. 성남의 역사, 성남의 문화, 탄천의 이모저모, 사진으로 보는 성남의 역사 등에 관한 자료가 있다.

3 관련부서

도서관지원과

직위	전화번호	담당업무
과장	031-729-3460	도서관지원과 업무 총괄
도서관지원팀	031-729-4671	도서관정책팀 업무 총괄
	031-729-4672	도서관협력 업무 추진 및 도서관평가 관리
	031-729-4673	공공도서관 건립 및 확충
	031-729-4641	과서무 및 회계, 물품 및 기록물 관리
	031-729-4620	공 · 사립 작은도서관 등록 및 운영 지원
장서개발팀	031-729-8831	장서개발팀 업무 총괄
	031-729-8832	장서, 정기간행물, 전자도서 통합 수서(중앙 · 분당 · 중원어린이도서관)
	031-729-8833	장서, 정기간행물 통합 수서(구미 · 무지개 · 판교 · 운중 · 판교어린이도서관)
시설지원팀	031-729-4611	시설지원팀 업무 총괄
	031-729-4607	전기 · 통신 및 방송(음향)설비 유지관리
	031-729-4616	기계설비, 전시실 유지관리
	031-729-4612	공유재산 사용허가 및 청사시설물 관리
	031-729-4617	구내식당, 카페, 자판기, 방송설비 관리
	031-729-4606	기계설비공사 및 유지관리
	031-729-4613	주차장, CCTV 및 시청각실 운영관리

성남시중앙도서관

직위	전화번호	담당업무
관장	031-729-3420	중앙도서관 업무 총괄
평생학습지원팀	031-729-4621	평생학습지원팀 업무 총괄
	031-729-4622	주요 업무, 예산, 사물함 및 전자복사기 관리
	031-729-4623	열람실 운영, 과서무, 회계, 기록물 관리
	031-729-4625	상호대차 차량운행, 문서사송
정보봉사팀	031-729-4631	정보봉사팀 업무 총괄
	031-729-4632	독서치료상담, 문화교실, 독서회 운영

	031-729-4637	전자정보실 및 홈페이지 운영관리
	031-729-4633	• 상호대차 및 무인예약대출시스템 운영 • 제1, 2문헌정보실 운영 및 회원증 발급
	031-729-4634	자료DB 구축, 기증도서, 독서교실, 어린이실 및 장애인열람실 관리
중원어린이 도서관팀	031-729-4361	중원어린이도서관팀 업무 총괄
	031-729-4355	문서사송, 차량관리, 상호대차
	031-729-4352	주요 업무, 대관업무, 주차장 관리
	031-729-4356	시설물 유지관리, 기계실 및 CCTV 관리
	031-729-4362	문화교실 및 독서회 운영, 자료DB 구축
	031-729-4368	우주체험관 프로그램 운영
	031-729-4353	전산시스템 및 홈페이지 관리

관련행사

성남시중앙도서관은 2007년 9월 '독서의 달'을 맞아 작가 김훈과 함께하는 '작가와의 만남'을 개최했다. 2007년 9월 11일 오후 2시부터 성남시중앙문화정보센터 내 실내체육관에서 개최된 행사에서 김훈 작가는 자신의 베스트셀러인 『남한산성』을 통해 '남한산성과 나의 문학'을 주제로 소설의 저작동기와 작품세계에 대한 강연을 펼쳤다. 그와 동시에 독서토론을 진행하여 작품의 이해와 깊이를 깨달을 수 있는 기회를 제공하였다. 또한 소설의 배경이 된 남한산성이 성남의 대표적인 명소인 만큼 성남시민들이 역사적인 감각과 문화적인 시각, 애향심을 갖는 계기가 되고 그 마음을 키워 갈 수 있도록 다양한 행사를 제공하였다.

내용 및 사진출처

데일리안. [경기] 『남한산성』 작가 김훈과의 만남
http://www.dailian.co.kr/news/view/80598
성남시중앙도서관 홈페이지
http://ct.snlib.net/snct

수원 선경도서관

주　소 경기도 수원시 팔달구 신풍로 23번길 68(신풍동)
우편번호 16258
전　화 031-228-4728, 1899-3300
팩　스 031-228-3746
홈페이지 http://sk.suwonlib.go.kr

1 수원 선경도서관

수원 선경도서관은 SK그룹의 계열사이자 수원의 향토기업인 SKC에서 건립하여 수원시에 기증한 도서관으로 1995년 4월 27일에 개관하여 수원시민을 위한 문헌정보 제공, 문화활동, 평생교육 증진을 위해 노력하고 있다. 북스타트운동을 통해 36개월 미만의 영유아를 대상으로 독서문화활동을 시행하고 있으며, 도서관리시스템의 통합으로 수원지역 내 도서관 어디에서나 관련자료의 검색이 가능하고 회원가입 등의 복잡한 절차를 거칠 필요 없이 자유롭게 대출이 가능하며 다양한 연령층의 이용자가 활발히 도서관을 이용하고 있다. 또한 수원화성 및 성곽자료 등의 향토문화 특성화도서관으로서 관련분야의 연구자 및 학생, 지역문화에 관심 있는 지역주민의 지식욕구를 채우며 평생교육기관으로서 역할을 수행하고 있다.

2 주요 서비스

수원 선경도서관은 수집한 수원학 자료와 200년 전 축성된 성곽이 거의 원형대로 보존되어 있는 수원의 특성을 살려 수집한 성곽자료를 바탕으로 성곽자료 고서, 논문, 도서의 목록 제공서비스를 통해 일반시민에게 수원에 대한 심도 깊은 정보를 제공해 주고, 우리 역사 연구자들에게 전문정보를 제공하고 있다. 수원 선경도서관의 주요 서비스내용은 화성관련 문화자료 전자책서비스, 성곽의 개요, 분류, 시대별·구성요소별 정보 및 자료서비스이다.

3 시설 및 소장자료 현황

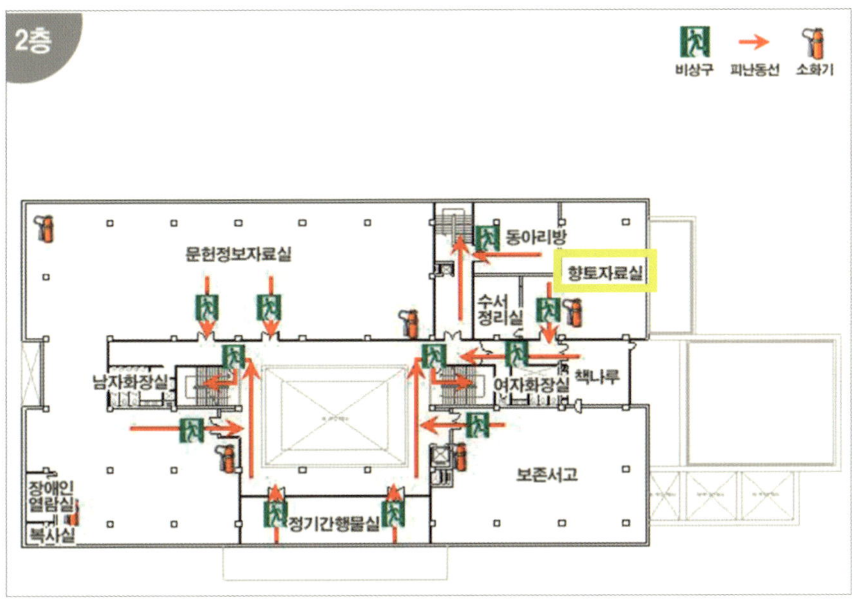

수원 선경도서관 – 2층 시설 배치도

수원 선경도서관은 2층 199m^2 21석 규모의 공간에서 특성화자료인 수원학에 대한 자료를 제공하고자 향토문화콘텐츠실을 운영하고 있다. 수원 선경도서관의 수원학 자료와 성곽자료 현황은 다음과 같다.

▌향토문화콘텐츠실 수원학 자료 현황

자료	자료 수 (단위: 개)	내용
향토자료	5,260	수원시 역사·문화 관련자료, 향토문인 작품, 향토기업자료
고서	1,681	수원시 관련고서
족보	893	개인 문중 발간 족보, 수원을 본관으로 하는 문중 족보
개인문고 코너	4,085	개인 소장자료 도서관 기증

▌향토문화콘텐츠실 성곽자료 현황

도서	논문자료	고서	비도서	계
1,038종 / 1,615권	469종 / 476권	226종 / 286권	70종 / 75점	1,803종 / 2,452권(점)

4 관련부서

업무	전화번호
독서문화 프로그램 운영	031-228-4721
자료실 운영	031-228-4722
문헌정보자료실	031-228-4728

5 관련행사

5.1 수원 다시 보기

'수원 다시 보기' 프로그램은 수원 선경도서관에서 2014년 6월 11일부터 7월 16일까지 운영한 도서관 문화프로그램 중 하나이다. 도서관이 위치한 수원에 대하여 연구하는 학문인 '수원학' 특화도서관으로서 수원화성, 수원화성이 축조된 조선후기의 시대적 배경, 관련인물을 알고 수원의 정신과 문화를 배우고 공유하고자 하였다. 매주 수요일 오전 9시 30분부터 11시 30분까지, 성인 50명을 대상으로 도서관 제1강의실에서 강좌를 진행하였다. 수강료는 무료이나 재료비(5천 원)는 참가자 개인이 부담하였으며 참가신청은 도서관 홈페이지에서 온라인으로만 받았다.

수원 다시 보기 프로그램 참가자 모집

"수원학"을 특화로 하고 있는 선경도서관에서는 수원화성, 수원화성을 축조했던 조선후기의 시대적 배경, 인물을 알고 수원의 정신문화를 공유하고자 <수원 다시 보기> 강좌를 운영합니다. 관심 있으신 시민 여러분의 많은 참여 바랍니다.

◎ 일시 : 2014.6.11~7.16, 매주(수) 09:30~11:30
◎ 대상 : 성인 40명
◎ 강사 : 신영주, 인미혜
◎ 내 용

구분	일 시	내 용	비고
1강	6/11(수) 09:30~11:30	수원의 역사와 문화	실내 수업
2강	6/18(수) 09:30~11:30	세계문화유산, 수원화성	
3강	6/25(수) 09:30~11:30	팔달산에서 보물찾기-화성행궁, 고인돌, 난파노래비, 3·1운동 기념비, 서장대 등	현장 탐방
4강	7/2(수) 09:30~11:30	정조와 을묘년 행차	실내 수업
5강	7/9(수) 09:30~11:30	수원의 인물들과 만나기	
6강	7/16(수) 09:30~11:30	정조의 의지가 담긴 곳, 융주사와 융건릉	

<참여 안내>

- 접수방법 : 선경도서관 홈페이지 신청(별도의 로그인 없이 접수 가능)
- 참 가 비 : 무 료 (교재비 5,000원 본인 부담)
- 장 소 : 선경도서관 제1강의실(6월25일은 현장탐방)
- 문 의 처 : 선경도서관(☎ 031 228-4721)
  수원시 팔달구 신풍로 23번길 68(신풍동)

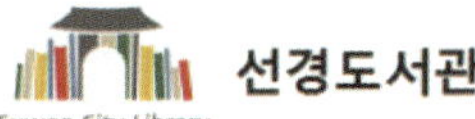

'수원 다시 보기' 프로그램 참가자 모집 안내

5.2 걸어보자! 수원

'걸어보자! 수원' 프로그램은 성인 15명을 대상으로 2014년 10월 24일부터 11월 28일까지 운영한 도서관 문화프로그램이다. 매주 금요일 오전 10시부터 12시까지, 수원의 유래와 역사, 근대기의 수원에 대해 알고 광주이씨 월곡댁, 궁궐과 화성행궁, 심온 선생 묘소 및 봉녕사 등을 답사했다. 이는 동아리 '바람 따라 우리끼리'의 심화과정이나 동아리 회원이 아니더라도 참여가 가능하고 수강료는 무료로 진행되었다. 교육장소는 동아리실 및 답사지이며, 참가신청은 도서관 홈페이지에서 온라인으로만 받았다.

5.3 이야기 선생님과 떠나는 수원화성

'이야기 선생님과 떠나는 수원화성' 프로그램은 초등학교 3~5학년생 26명을 대상으로 2015년 1월 6일부터 1월 9일까지 운영한 도서관 문화프로그램이다. 매주 화~금요일 오전 10시부터 12시까지, 도서관 1층 강의실에서 우리의 역사를 바로 알기 위하여 이론과 체험학습을 병행하여 강좌를 진행했다. 수강료는 무료이나 재료비(3천 원)는 참가자 개인이 부담해야 하며, 참가신청은 PC, 전화, 방문접수를 통해 받았다.

내용 및 사진출처

경기일보. 정자연. [사회공헌이 답이다] '행복한 참여 · 행복한 상생 · 행복한 변화' SKC
http://www.kyeonggi.com/news/articleView.html?idxno=720579
경인일보. 홍사준. 명품도서관 수원의 새 도시 브랜드
http://www.kyeongin.com/?mod=news&act=articleView&idxno=888252
뉴시스. 윤상연. 모든 궁금증, 경기도 공공도서관이 해결한다
http://www.newsis.com/article/view.htm?cID=&ar_id=NISX20070415_0002517179
데일리안. 경기도 11개 특화자료 도서관 추천
http://www.dailian.co.kr/news/view/63991
수원 선경도서관 홈페이지
http://sk.suwonlib.go.kr
수원일보. 이정하. 정보 넘치고 휴식이 있는 도서관
http://www.suwon.com/news/articleView.html?idxno=52795

여수시립도서관

주 소	쌍봉도서관 전남 여수시 학동서 4길 18-12(학동) 현암도서관 전남 여수시 충민사길 43(덕충동)
우편번호	59672(쌍봉) 59722(현암)
전 화	061-659-4770(쌍봉) 061-659-4810(현암)
팩 스	061-659-5856(쌍봉) 061-659-1931(현암)
홈페이지	http://yslib.yeosu.go.kr

1 여수시립도서관

여수시립도서관은 여수 시내에 위치한 공공도서관인 쌍봉도서관, 현암도서관, 환경도서관, 돌산도서관, 소라도서관, 율촌도서관, 이상 6곳의 통합으로 이루어진 시립도서관이다. 현재 여수시립도서관은 2014년 2월 기준으로 60만 권이 넘는 서적을 보유하여 지식정보의 보고로서 거듭나고 있다.

여수시는 도서관별로 쌍봉도서관은 외국어, 현암도서관은 지역향토 · 문인자료, 환경도서관은 생태 · 환경, 돌산도서관은 다문화 · 해양, 소라도서관은 청소년, 율촌도서관은 의학 · 건강 등 테마를 선정하여 자료 등을 확보해 각각 전문도서관으로서 역할을 수행하도록 하고 있다. 또한 특성화자료의 지속적인 확보와 전자책 등의 다양한 자료를 수집하고 모든 연령층의 시민이 도서관에서 혜택을 누릴 수 있도록 지체장애인과 시 · 청각장애인, 임산부와 유아보호자, 섬지역 주민들을 대상으로 연중 도서 무료배달서비스 및 도서대출 예약서비스, 자료 공동이용서비스 등을 제공하고 있다.

2 주요 서비스

쌍봉도서관과 현암도서관 내 디지털자료실에서 향토, 역사, 문화, 행정, 통계, 문화재・유적・유물, 이순신 및 임진왜란 자료 등을 제공하는 '지역자료 원문서비스'를 운영하고 있다.

3 시설 및 소장자료 현황

지역자료 원문서비스목록 자료 현황

(단위: 책, 점)

지역인물자료 (1921~2009년)	지역정보 (1966~2010년)	통계자료 (1963~2006년)	기관단체자료 (1982~2010년)	역사문화자료 (1953~2007년)	총계
76	90	63	80	95	404

4 관련부서

쌍봉도서관

구분	업무	전화번호	팩스
운영팀	• 일반서무 및 보안업무 • 예산・회계관리 • 도서관 시설물관리 • 문화교실 등 문화행사 전반 • 이동도서관(구 여천지역) 위탁운영	061-659-4770	061-659-5856
자료팀	• 자료(도서・비도서) 구입 및 정리 • 희망자료, 기증도서 접수 • 홈페이지 및 전산망관리 • 어린이・일반・디지털자료실 운영 • 책바다, 장애인 택배서비스	061-659-4770	061-659-5856

현암도서관

구분	업무	전화번호	팩스
현암도서관팀	• 현암도서관 운영관리 • 이동도서관(구 여수지역) 운영 • 아동・일반・디지털자료실 운영	061-659-4810	061-659-1931

 관련행사 – 향토작가 초대전

현암도서관에서는 2007년부터 여수출신 작가들의 작품을 선보이는 향토작가 초대전을 이어 오고 있다. 이는 예술의 발전과 시민들에게 다양한 문화체험의 기회 제공 등을 목적으로 하고 있다. 매년 6회의 전시전을 가지는데, 개인별 초대전 기간은 2개월이다. 전시회를 통해 시민들은 문화적 욕구를 충족하며, 도서관의 정보와 문화, 예술이 공존하는 복합문화공간으로서의 역할을 기대할 수 있었다. 전시회는 여수시립현암도서관 1층 로비에서 무료로 관람할 수 있다.

① 서지숙 화가 초대전 – 그리움을 담다

2013년 4월에는 향토 서양화가인 서지숙 화가를 초청하여 '그리움을 담다'라는 주제로 'Romantic, 그리움 – Wind, 그리움 – Memory, 흐르듯이 살아있고…' 등 총 13점의 작품이 전시되었다. 빛바랜 사진첩을 생각나게 하는 낮은 명도의 브라운색과 작은 화면을 큰 프레임 안에 끼워 넣는 방식으로 여러 가지 이야기 속 추억을 회상하게 만드는 서지숙 화가의 작품은 만화와 일기장 같은 일상의 이야기들을 표현했다.

② 유경자 화가 초대전 – 조화에서 향기까지

다음으로 '4인 원로작가(강종래, 강창구, 이기래, 정재종) 초대전'을 마치고 2013년 8월 8일부터 9월 30일까지 서양화가 유경자 전을 열었다. '조화에서 향기까지'라는 주제로 열렸던 전시회에서는 유 화백의 작품 10여 점을 선보였다. 유 작가는 7년째 이어지고 있는 이 향토작가 초대전에 대해 "지역출신 작가들에게 창작의욕을 북돋아 주고 지역민들에게는 문화예술을 향유할 수 있는 좋은 기회를 제공하는 역할을 톡톡히 하고 있다"고 말했다.

③ 청맥회 출품전 – 쪽빛 어울림

10월에는 도서관 1층 로비에 전시되는 작품은 김숙희, 박지운, 김현주, 남부원, 김창섭, 박선율, 윤희순, 이장욱, 이상 8명의 지역 한국화가들로 구성된 향토작가모임 '청맥회'가 출품한 작품으로 '쪽빛 어울림'을 주제로 했다. '인연, 설레임, 주남지 소견, 매화, 휴식, 새벽 1시, 여수의 향기, 등꽃' 등 총 16점의 한국화작품을 선보였던 전시회는 기존 서양화 위주의 현대 미술전시 경향의 틀을 벗어나 한국화 특유의 색 절제와 여백의 미를 통해 일상에 지친 시민들에게 투박한 재미를 선사하였다. 또 아름다운 자연을 주제로 다양한 수묵기법과 전통적인 채색기법을 활용, 낭만적이고 운치 있게 표현한 작품을 감상할 수 있도록 하였다.

④ 여주시 예술인 작가 전시회 – 옥적의 맑은 피리소리

2013년 12월부터 2014년 1월 31일까지는 김용일, 김선수, 박동화, 문경섭, 박영한, 양해웅, 이상 6명의 여수시 예술인촌 입주 작가들을 초대해 전시회를 개최하였다. '옥적의 맑은 피리소리'라는 주제로 열린 전시회는 '가족, 겨울선소, 여름풍경, 념Ⅰ, 념Ⅱ, 침묵, 섬마다 다른 바다' 등 모두 12점의 작품을 선보였다.

^ 향토작가 전시회 모습

^ 향토작가 전시회 감상 모습

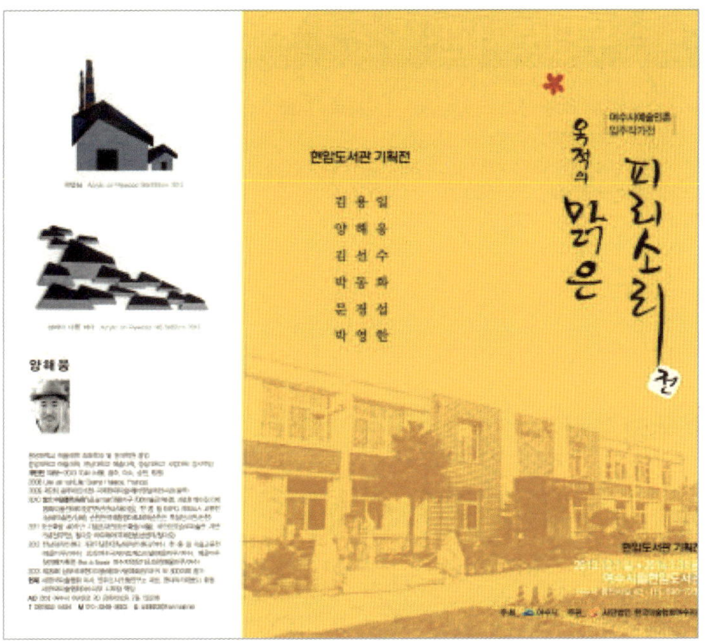

^ 향토작가 전시회 – 옥적의 맑은 피리소리

내용 및 사진출처

광주일보. 김창화. 시민 지식정보 요람으로 거듭난다
http://www.kwangju.co.kr/read.php3?aid=1391353200516580134
뉴시스. 김석훈. 여수 현암도서관 '테마가 있는 전시회'
http://www.newsis.com/ar_detail/view.html?ar_id=NISX20130808_0012276077&cID=10809&pID=10800
아시아뉴스통신. 김태영. 여수시립현암도서관, 한국화 '쪽빛 어울림' 초대展
http://www.anewsa.com/detail.php?number=554988&thread=09r02
아시아뉴스통신. 김태영. 여수시립현암도서관, 향토작가 '서지숙 화가 초대전' 개최
http://www.anewsa.com/detail.php?number=481772&thread=09r02
여수시립도서관 홈페이지
http://yslib.yeosu.go.kr
연합뉴스. 박성우. 여수시립현암도서관 7년째 향토작가 초대전
http://www.yonhapnews.co.kr/culture/2013/08/07/0904000000AKR20130807107100054.HTML
이뉴스투데이. 강민경. 여수시립현암도서관, 향토작가 초대 전시회 개최
http://www.enewstoday.co.kr/news/articleView.html?idxno=308356

우당도서관

주　　소 제주특별자치도 제주시 사라봉동길 30
우편번호 63284
전　　화 064-752-4986
홈페이지 http://lib.jeju.go.kr

1 우당도서관

우당도서관은 1984년 2월에 제4대 제주도지사를 역임했던 우당(愚堂) 김용하(金容河)의 교육정신과 향토애를 기리기 위하여 건립되었다. 이듬해인 1985년에는 아동열람실, 2003년에는 디지털정보자료실을 개설하였다.

2006년 제주시가 자치시에서 행정시로 전환됨에 따라 관리주체가 제주도 제주시에서 제주특별자치도로 전환되었으며, 운영주체도 행정구역 개편과 동시에 제주시 우당도서관에서 제주특별자치도 사업운영본부 문화체육사업부로 전환되었다. 그러나 제주특별자치도의회가 6개월여 만에 사업운영본부를 폐지하고 기존 문화체육사업부의 업무는 관할행정시장이 맡도록 조례를 개정하면서 사업운영본부가 운영하던 여러 도서관 중 우당도서관, 탐라도서관, 애월읍도서관, 한경면도서관, 조천읍도서관, 제주기적의도서관의 업무가 2007년에 제주시로 이관되었다. 이에 따라 제주시는 문화산업국에 우당도서관과 탐라도서관을 두고, 이관받은 도서관 중 조천읍도서관과 제주기적의도서관을 우당도서관이 관리하도록 하였다.

우당도서관은 지식정보화시대에 발맞춰 새로운 지식과 정보를 제공하고 다양한 문화프로그램을 운영하여 공공도서관으로서의 기능과 역할을 충실히 수행하고 있다. 2005년 10월 한국독서문화상, 2007년 12월 도서관협력업무 최우수기관상을 수상하였다.

주요 서비스

2.1 제주향토자료 수집 및 전시

우당도서관은 제주의 향토문화의 정체성 연구를 위하여 도서관 2층에 잠고향토자료실을 설치하였다. 홈페이지 내 자료실을 이용해 '우당도서관 향토자료 수집목록'을 제공하고 있다. 또한 도서관 주관행사에서 제주 이야기 원화전시, 제주유인전(濟州流人傳) 등 20여 종의 향토자료 번역전시 등을 실시하고 있다. 우당도서관에서 발간한 제주향토자료 발간목록은 다음과 같다.

우당도서관 발간 제주향토자료관련 도서목록

번호	발간년도	제목
1	1993	한국 수산지 제3집 제주도편
2	1994	도서관의 시대
3	1995	제주도의 지리적 연구
4	1996	남선보굴 제주도
5	1997	20세기 전반의 제주도
6	1997	제주도의 옛 기록
7	1998	조선의 보고, 제주도 안내
8	1999	제주도
9	1999	제주도의 경제
10	2000	조선반도의 농법과 농민 - 제주도편
11	2002	제주도 생활실태조사
12	2003	아득한 제주도
13	2004	물리학자 김덕주
14	2005	제주도 유인전
15	2005	제주도의 지리학적 연구
16	2005	한국 제주도
17	2006	본명은 민족의 긍지
18	2007	김용해 선생님을 모시고

19	2007	'제주도관련자료 시리즈' 주도 개발계획
20	2010	제주도의 지질
21	2011	한국 제주도
22	2012	제주 땅에 새겨진 신유가사상의 자취
23	2013	서양인들이 남긴 제주견문록
24	2014	서양인들이 남긴 제주도 항해·탐사기(1787~1936)
25	2015	제주도 항해·탐사기

2.2 제주향토자료 발굴사업

1) 제주도 개발계획 개요

우당도서관은 2007년 3월 27일 '제주관련 자료 시리즈' 19번째로 조선총독부가 대외비로 추진했던 '제주도 개발계획 개요(濟州島 開發計劃 槪要)'를 우리말로 번역·발간했다.

1937년 6월 당시 전라남도가 작성한 이 계획은 향후 10년 동안 조선총독부와 도(道), 개발회사가 협력해 개발에 대응하도록 하기 위해 만들어졌다. 이에 따라 조선총독부는 농사시험장 설치, 종양장(種羊場) 설치, 탄저병으로 폐사하는 가축방역을 위한 세균검사소 설치 등 시설사업과 무수주정 원료(고구마) 증산, 축산, 방풍림, 방사림(防砂林) 등 보조사업을 하는 것으로 되어있다. 또 도(道)는 고구마 증산을 위한 기술원 배치, 메밀 증산, 축산기술원 배치, 맥주보리 등 특용작물 증산, 상수도 부설공사 등을 맡도록 했으며 개발회사는 무수주정(알코올) 제조, 면양목장 경영, 젖소목장 경영, 수산업 및 부속사업의 경영, 이민사업, 전기사업 등을 하도록 규정하고 있다.

이 번역본에는 이 밖에 조선총독부 중앙시험소의 '공업용수 조사(제4보) – 제주도 수자원조사 개보', 도리이 류우조(鳥居龍藏)의 '민족학상으로 본 제주도(탐라)', 국서간행회(國書刊行會)의 '조선의 향토신사' 등이 함께 실려 있다.

2) 제주도의 지질

우당도서관은 2010년 10월 제주향토사료 발굴사업의 일환으로 21번째 『제주도의 지질』을 번역하여 출간하였다. 『제주도의 지질』은 1931년에 조선총독부 지질조사소에서 발행한 제주도 지질연구의 소중한 자료로, 원초적인 제주도의 화산지 조사서라고 밀힐 수 있다. 특히 제주도의 지질 현황이 도면으로 첨부돼 이해하기가 쉽도록 내용이 구성되어 있고, 화제가 되기도 했던 '일본 오키나와(沖繩)와 제주의 고려기와의 유사한 점'에 관한 연구도 포함돼 있다. 우당도서관은 『제주도의 지질』을 도내·외 관계기관에 배부할 계획이다.

3) 한국 제주도

우당도서관은 2011년 5월 제주향토사료 발굴사업의 일환으로 『한국 제주도』를 번역·발간하였다. '한국 제주도'는 일본 릿쇼대학 타가노 후미오 교수가 건국대학교와 '한·일 합동 제주도 학술조사단'을 조직하여 3년여 간에 걸친 제주 실사를 토대로 1988년 발표한 '한국 제주도의 지역연구'라는 논문을 저본으로 해 1996년 일본에서 발간된 『한국 제주도』를 번역한 것이다. 『한국 제주도』는 '제주섬의 변천사', '제주도의 자연풍토', '온난한 기후를 이용한 농업과 목축', '쇠퇴하는 해녀어업', '관광의 섬 – 한국의 하와이' 등으로 꾸며져 제주의 역사·지리·산업 등이 체계적으로 조사·정리되어 있다. 특히 '제주섬의 변천사' 항목 중 '광복 후의 악몽(4·3사건)'이 12페이지에 걸쳐 소개되고 있어 '제주 4·3사건' 연구에도 도움이 될 것으로 보인다.

4) 제주 땅에 새겨진 신유가사상의 자취

우당도서관은 2012년 2월 제주향토자료 발굴사업의 일환으로 26번째 『제주 땅에 새겨진 신유가사상의 자취』를 번역·출간하였다. 『제주 땅에 새겨진 신유가사상의 자취(원제: *The Architecture of Ideology*)』는 1987년 미국 캘리포니아대학출판부에서 처음 출간됐다. 지금까지 서양에서 제주를 주제로 한 연구논문은 다수 나왔으나 제주를 본격적으로 조사·연구한 영문 저술서는 매우 드물다. 저자인 데이비드 네메스 교수[미국 오하이오주 톨레도(Toledo)대학 지리학과]는 조선시대 신유가사상(Neo-Confucianism)과 풍수이론을 통해 제주의 문화경관을 다양한 각도로 해석, 제주의 가혹한 자연환경과 자연재해를 극복한 정신이 지속가능한 문화경관을 창조하고 보존하게 했던 원동력이었음을 밝히고 있다.

네메스 교수는 1972년에 처음 제주도 땅을 밟아 2년간 체류하였고 그 후 1980년 4월~1981년 8월, 1984년 9월~1985년 8월까지 제주대학교 객원교수로 부임해 제주의 산천을 누비고 다녔을 만큼 당시 제주의 풍경을 매우 잘 기억하고 있는 학자들 중 한 사람이다. 우당도서관은 이번에 번역・출간된 『제주 땅에 새겨진 신유가사상의 자취』를 도내・외 관계기관에 배부하였다.

5) 서양인들이 남긴 제주견문록

우당도서관은 2013년 12월에 제주향토자료 발굴사업의 일환으로 『서양인들이 남긴 제주견문록(*Five Accounts of Jeju published in Western Countries* (1845~1926))』을 편역・간행했다. 이는 19세기 중반에서 20세기 초반에 제주 섬을 직접 방문한 서양인들의 기록들 중 5편을 선정해 우리말로 옮긴 것이다. 1845년 이래 80년이란 시간적 간격 사이에 방문한 이들의 다양한 경험과 기록으로 구성되어 있으며, 당시 서양인들이 어떻게, 왜 제주 땅에 당도했는지, 이 섬에서 무엇을 보고 경험했는지 또 제주인들에게 어떤 대접을 받았으며, 이를 통해 그들은 어떤 시선으로 당시 제주인들을 묘사했는지 등을 알 수 있고 선장, 서기관, 선교사, 동물・곤충학자 등이 쓴 제주기행문이라는 점에서 다양한 시선으로 보여진 제주도에 대하여 알 수 있다. 세부내용은 다음과 같다.

서양인들이 남긴 제주견문록 세부내용

이름	국적	직업	제목	연대
에드워드 벨처	영국	영국인 선장	켈파트 섬과 조선의 섬들	1845년 제주 방문
샤를르 샤이에 롱	미국	서울주재 총영사, 서기관	코리아에서 켈파트 섬까지: 징기스칸의 발자취를 따라	1888년 제주 방문
알렉산더 피터즈	미국	선교사	켈파트 섬 방문	1897년 제주 방문
말콤 앤더슨	미국	동물·곤충학자	켈파트 섬에서 40일간	1905년 제주 방문
로버트 버넷트 홀	미국	미시건대학 극동 아시아 전공 교수	켈파트 섬 그리고 그 섬 사람들	1926년 논문

우당도서관은 번역·발간된 향토자료를 도내·외 관계기관에 배부하였으며 지속적으로 외국어로 기록된 미발굴 옛 제주도 자료를 발굴해 도민사회에 널리 알림은 물론 제주의 역사기록을 풍부하게 하는 데 노력하고 있다.

6) 제주도 항해·탐사기

우당도서관은 2015년 1월 3일 제주향토사료 발굴사업의 일환으로 서양인들이 남긴 『제주도 항해·탐사기』를 번역·출간했다. 이는 2013년도에 나온 『서양인들이 남긴 제주견문록(1845~1926)』의 후속편이다. 번역은 고영자 박사(제주전통문화연구소 편집장 겸 제주대학교 탐라문화연구소 특별연구원)가, 감수는 손명철 교수(제주대학교 사범대학 지리교육과)가 맡았다.

책의 원저자인 라페루즈는 당시 서양인들이 제주를 찾아온 이유, 섬에서 겪은 경험, 제주인들에게 받은 대우와 함께, 그들이 묘사한 옛 제주인의 모습 등을 살펴볼 수 있다. 이는 동시에 당시 서양에서 동양의 섬인 제주를 어떤 시선으로 바라보았는지 확인할 수 있는 증거가 되었다. 책에는 서양여행가들의 원문과 번역문을 함께 수록했다.

3 시설 및 소장자료 현황

2층에 49m^{2}의 면적 15좌석으로 구성된 향토자료실은 2012년 시설 노후화로 인한 리모델링사업으로 2012년에 기존의 향토자료실과 참고자료실을 '디지털자료실'로 개편하여 당초 45석(PC 32대, 노트북검색대 13대)이었던 자료실에 노트북 코너 26개소를 신설하여 71석으로 확대했다. 각종 도서를 일목요연하게 열람할 수 있도록 정비하고, 자료실 내에 노트북 코너를 15석 신규 설치해 종이서적과 디지털서비스를 동시에 제공할 수 있도록 하였다.

우당도서관 소장 장서 현황 - 2015년 9월 30일 기준 (단위: 권, 점)

총계	총류	철학	종교	사회과학	순수과학	기술과학	예술	언어	문학	역사
231,854	11,355	11,588	7,427	41,913	14,052	24,539	10,852	10,122	76,522	23,484

우당도서관 소장 비도서 현황 - 2015년 9월 30일 기준 (단위: 권, 점)

총계	DVD	오디오	전자책	기타
27,633	3,292	130	22,505	1,706

4 관련부서

부서	업무	전화번호
열람담당	• 열람계 업무 전반에 관한 사항 • 각종 자료수집 및 정리 · 점검에 관한 사항 • 평생교육사업 및 독서진흥업무 • 도서관 운영위원회에 관한 업무	064-728-8341

내용 및 사진출처

국제뉴스. 고나연. 우당도서관, 서양인 『제주도 항해·탐사기(1787~1936)』 번역·출간
http://www.gukjenews.com/news/articleView.html?idxno=185972

네이버 기관단체사전. 우당도서관
http://terms.naver.com/entry.nhn?docId=891159&cid=43143&categoryId=43143

뉴시스. 강정만. 우당도서관, '성장하고 있는 나를…' 도서관 주간 행사
http://news.naver.com/main/read.nhn?mode=LSD&mid=sec&sid1=102&oid=003&aid=0003182448

뉴시스. 강정만. 제주시 우당도서관, 도서관 주간 행사
http://news.naver.com/main/read.nhn?mode=LSD&mid=sec&sid1=102&oid=003&aid=0002621322

뉴시스. 김용덕. 우당도서관, 『제주 땅에 새겨진 신유가사상 자취』 번역·출간
http://news.naver.com/main/read.nhn?mode=LSD&mid=sec&sid1=102&oid=003&aid=0004329268

디지털제주문화대전. 제주우당도서관
http://jeju.grandculture.net/Contents?local=jeju&dataType=01&contents_id=GC00702108

시사제주. 우당도서관, 『서양인들이 남긴 제주견문록』 번역·출간
http://www.sisajeju.com/news/articleView.html?idxno=203626

연합뉴스. 김호천. 일제 제주도개발계획 우리말 번역
http://news.naver.com/main/read.nhn?mode=LSD&mid=sec&sid1=102&oid=001&aid=0001586943

우당도서관 홈페이지
http://lib.jeju.go.kr

제주도민일보. 문정임. 개관 28년 우당도서관 단장 돌입
http://www.jejudomin.co.kr/news/articleView.html?idxno=31926

제주의 소리. 문준영. 우당도서관 자료실 새롭게 문 열어
http://www.jejusori.net/news/articleView.html?idxno=115982

제주의 소리. 문준영. 이방인의 눈에 비친 19세기 제주는?
http://www.jejusori.net/?mod=news&act=articleView&idxno=156664

제주일보. 김문기. 우당도서관 『한국 제주도』 번역·발간
http://www.jejunews.com/news/articleView.html?idxno=902457

제주일보. 김현종. 도서관은 꿈과 희망의 비타민 창고!
http://www.jejunews.com/news/articleView.html?idxno=286167

제주특별자치도 홈페이지
http://www.jeju.go.kr

헤드라인 제주. 홍창빈. '푸른 눈 이방인이 바라본 탐라는?' 『제주도 항해·탐사기』 발간
http://www.headlinejeju.co.kr/news/articleView.html?idxno=229803

인천광역시 화도진도서관

주 소	인천광역시 동구 화도진로 122(화수동)
우편번호	22511
전 화	032-760-4100, 4101
팩 스	032-763-8252
홈페이지	http://www.ihl.kr

인천광역시 화도진도서관

인천광역시 화도진도서관(이하 화도진도서관)은 2000년 4월 문화관광부에 '특화도서관' 지정을 신청하여, 2000년 7월 15일 '향토·개항문화자료관 특화도서관'으로 지정되었다. 화도진도서관은 인천항 개항기인 1800년대 후반부터 현재에 이르기까지의 각종 지역관련 문헌자료와 근현대 사진자료를 수집하고 보존하여, 지역주민이나 지역사 연구자들에게 제공하고 있다. 또한 향토의 역사를 올바로 이해하고 연구하며 향토애를 살려 나갈 수 있도록 자료실을 개방하여 향토역사연구의 장으로 활용하고 있다.

주요 서비스

화도진도서관 향토·개항문화자료관은 2002년 4월 향토사학자 최성연 선생의 유족이 소장 중이던 귀중한 자료를 기증하여, 2003년 1월 『사진으로 보는 인천 한 세기』를 발간하였다. 이어서 2005년 11월에는 『인천향토문화콘텐츠 목차집(역사편)』을 발간, 2006년부터 새로 수집되는 자료의 목차DB (4,152개)를 구축하여 홈페이지에 게재 및 정보제공을 시작하였다. 뿐만 아니라 『인천부사』, 『인천시사』, 『인천개항 100년사』, 『강도지』 등 32권의 고서원문DB 및 목차 홈페이지 서비스를 제공하였고, 2007년 11월 '인천개항자료전시관'을 개관하게 되었다. 2008년 12월에는 화도진도서관의 이름으로『향토문화콘텐츠 소장목록집』을 발간하였고, 2010년 9월 향토·개항문화자료관 홈페이지 개편, 12월 27일 고서원문DB 구축 및 제공 시작, 2011년 11월 인천학 강좌 '인천, 영화로 읽다' 운영 등 인천의 향토문화콘텐츠 중 곳곳에 산재해 있는 개항관련자료들을 발굴하고, 날로 수십이 어려워지고 있는 개항과 관련된 귀중한 기록문화자료(도서, 영상, 도록, 사진, 문서, 지도 등)를 집중적으로 수서·정리·보존하여 이용자에게 제공하고 있다. 구체적인 프로그램의 내용은 다음과 같다.

① 소장도서 목차DB 구축 및 제공

- 2005년 11월『인천향토자료 목차집(역사편)』발간
- 2006년부터 새로 수집되는 자료의 목차DB를 구축하여 홈페이지에 게재

② 고서원문DB서비스 제공

『인천부사』,『인천시사』,『인천개항 100년사』,『강도지』등 32권의 고서원문DB 및 목차서비스를 화도진도서관 홈페이지를 통해 제공한다.

③ 찾아가는 향토교실 운영

- 대상: 인천 초등학교 4~6학년
- 기간: 3~6월, 9~12월
- 내용: 소장 중인 자료의 이용방법에 대한 교육과 더불어 학교에서 이루어지고 있는 교과과정을 연계하여 도서관 자료를 활용한 향토역사교육과 인천의 모습과 자랑거리, 생활과 변화 등 인천의 어제·오늘·미래에 관한 내용, 인천의 지형·지명 변천과정, 인천의 역사 등이 담긴『재미있는 인천 이야기』책 배포
- 목적: 개항기 인천의 생활과 건축물을 중심으로 내 고장 인천의 역사를 알아본다.

④ 향토(문화유적)답사

- 대상: 학생 및 성인(인천시민)
- 일시: 5, 10월경
- 내용: 우리 고장의 문화와 역사를 체험해 볼 수 있는 답사활동

⑤ 향토역사사진전

- 2003년 10월 23~28일, '인천개항사진전'
- 2004년 10월 18~31일, '인천의 어제와 오늘'
- 2005년 9월 23~29일, '인천의 변모전'
- 2006년 10월 25~29일, '사진으로 보는 인천교육 반세기': 인천 학생교육문화회관, 50~100년 된 신흥초등학교 등 28개교의 옛 모습과 현재 모습의 사진을 통한 각 학교의 변천과정 확인가능. 옛 교과서와 상장, 졸업앨범, 졸업증서 등 교육관련 자료 등 전시
- 2007년 11월 14일, '인천개항자료전시관' 오픈
- 2008년 5월 23일~6월 11일, 전국연극제 '개항 후 인천의 변모전'
- 2009년 3월 20~31일, 인천공항철도 '인천 개항 사진전'

3 시설 및 소장자료 현황

향토·개항문화자료관의 시설규모는 인천광역시 화도진도서관 1층 향토·개항문화전시관 56m^2(24석), 2층 향토·개항 문화자료관 96.5m^{2}이다. 귀중본이나 희귀자료 일부를 제외한 모든 자료는 자유롭게 이용할 수 있으나, 자료의 특성(보존적 측면)상 관외대출은 제한된다.

향토·개항문화자료관 소장자료의 내용은 고서, 사진, 고문서, 지도, 일반자료로 크게 다섯 가지로 나눠지며, 그 내용으로는 개항기 국내외 고서, 개항기 인천항 및 근대건축물, 최성연 선생 기증사진 등, 해관문서 및 개항기 인천의 각종 고문서류, 고지도 및 개항기 인천관련 지도, 인천관련 일반도서

로 구성되어 있다.

2007년 11월 14일에 개관한 인천개항자료전시관은 1890년대 인천항의 모습이 담긴 사진부터 당시 인천에서 제작된 상품 광고지, 각종 증명서, 졸업장, 지도 등이 전시되어 당시의 생활상을 엿볼 수 있도록 꾸며져 있다. 전시관은 '개항의 도시 인천'이라는 큰 틀을 중심으로 '개항 후 대한민국의 관문 인천항', '개항 후 근대화 물결 속의 인천', '신교육기관의 설립과 발전', '개항 후 유입된 문물', '그 시기의 한국의 모습', '엽서에 나타난 근대시기의 인천'으로 나눠져 있다. 또 원본자료를 주제에 맞춰 분류하고 패널과 디지털 액자 등을 활용해 관람객들이 쉽게 옛 인천을 알 수 있게 하였다.

'대한민국의 관문 인천항'에서는 인천축항 기공식, 갑문공사 중인 인천항 모습들을 볼 수 있고 '근대화 물결 속의 인천'에서는 독일 출신 상인 폴 바우만 저택, 미국 공사 알렌 별장 등 당시 서양식 건물 사진을 볼 수 있다.

'신교육기관'에서는 외국인이 세운 중·고교와 초등학교, 유치원의 전경과 수업 광경을 볼 수 있으며, '유입된 문물' 편에서는 인천측후소, 인천전기주식회사 등 산업시설 및 경인선 개통과 관련된 자료원본들을 한눈에 볼 수 있다.

'그 시기 한국은'에서는 시장과 생활상, 교통수단의 발달과정을 알 수 있고, '엽서에 나타난 인천'에서는 월미도와 송도, 인천항과 시가지 모습을 볼 수 있다.

2015년 1월 1일을 기준으로 향토·개항문화자료관의 자료 현황은 다음과 같다.

화도진도서관 향토·개항문화자료관 자료 현황 (단위: 권, 개)

구분	총류	철학	종교	사회 과학	순수 과학	기술 과학	예술	어학	문학	역사	계
일반 논문	73	3	16	232	32	49	38	7	9	229	688
비디오	0	0	0	0	0	0	0	0	0	5	5
CD-ROM	6	0	0	22	0	0	13	0	0	16	57

DVD	0	0	0	2	0	0	2	0	0	0	4
일반자료	727	77	168	2,989	56	245	419	19	858	3,029	8,587
비도서	10	0	9	67	5	5	193	37	2	778	1,106
고서	22	7	1	5	0	0	2	1	0	66	104
마이크로필름	62	0	0	0	0	0	0	0	0	0	62
총계	900	87	194	3,317	93	299	667	64	869	4,101	10,613

또한 향토·개항문화자료관은 인천의 초등학교 4~6학년을 대상으로 한국 근현대사의 관문 역할을 해낸 인천의 향토사를 알아보고 우리 고장에 대한 애향심과 지역정체성을 확립하는 '찾아가는 향토교실' 운영을 통해 향토교육 실시하고, 학생 및 인천시민을 대상으로 인천지역 유적지 및 문화재 또는 인근 문화유적지를 탐방하여 직접 보고 느낄 수 있는 기회를 제공하는 향토(문화유적)답사를 운영하며, 2003년 10월 23~28일 '인천개항사진전'을 시작으로 2009년 3월 20~31일 인천공항철도 '인천 개항 사진전' 등 인천 향토 및 개항관련 향토역사사진전과 순회전시회 개최서비스 등을 시행하고 있다.

이 외 홈페이지를 통해 인천사 연혁, 인천 지명 변천, 인천과 개항 등과 관련된 인천의 역사에 대하여 정보서비스를 제공하며, 향토관련 16개 기관 사이트에 대한 링크서비스를 제공한다.

4 관련부서

부서	전화번호
열람봉사과 향토·개항문화자료실 및 연속간행물실	032-760-4129, 4131

5 관련행사

5.1 인천학 강의

화도진도서관은 2001년 3월부터 평생학습1실에서 오후 7시부터 9시까지 인천학 강의를 이어 오고 있다. 인천의 역사와 문화 및 지역적 특징에 대하여 공부하고자 하는 시민들이 늘고 있고, 내가 살고 있는 고장의 역사와 전통을 알아야 인천에 대한 자긍심과 애착을 가질 수 있고, 지역주민으로서의 정체성 정립이 가능하다고 인식하기 때문일 것이다. 이들의 공부는 단순한 호기심을 넘어 도서관을 통해서 체계적으로 이루어지고 있으며 다른 지역의 유사한 활동에도 방향을 제시하고 있다.

인천학 강의가 시작된 지 1년이 되던 해인 2002년, 화도진도서관 2층의 향토·개항문화자료관에서 주부, 회사원, 노인 등 10여 명이 모여 '인천의 근대 건축물 보존방향'에 대한 토론을 벌였다. 회원들은 인천의 역사성과 상징성을 띠고 있는 근대 건축물이 많은 자유공원~신포동 거리를 '문화관광벨트'로 새롭게 인식해 보존운동을 해야 한다는 주장을 폈다. 100년이 넘는 근대 건축물 중 일부가 최근까지 신발공장이나 룸살롱 등으로 이용됐다는 강사의 얘기를 듣고 근대 건축물을 보존하기 위한 '시민지킴이'를 발족하자는 의견도 제시됐다. 시작한 지 1년 만에 200여 명의 주민들이 참여하여 강의를 들었고, 인천의 역사를 배우며 이를 후대로 이어갈 의지를 느끼며 돌아갔다.

1년 과정의 인천학 강의는 매주 월요일 오후 7시부터 9시까지 강의와 현장답습 등으로 이루어지고 있다. 선사시대부터 인천항 개항에 이르는 인천의 과거를 배우고, 한국철도 100년사의 출발점인 '경인철도'와 우리나라 최초의 신식화폐를 만들었던 '인천 전환국' 등 지역의 역사유물을 중심으로 한 강의가 펼쳐진다. 이 밖에 시각장애인을 위한 한글점자인 '훈맹정음'을 창안한 박두성(朴斗星, 1888~1963) 등 인천이 낳은 인물에 대해 조명하는 시간도 갖고 있다.

화도진도서관에서 인천학을 강의하고 있는 이종복 대표(개항장 역사문화연구회 대표)는 "인천학 강의의 목표는 인천 토박이뿐만 아니라 인천에 이주해와 터를 잡은 이들이 다함께 인천을 새롭게 또 올바르게 인식하도록 하자는데 있다"며 "이 같은 인식은 결국 지역에 대한 애착심을 가져오고 나아가 지역 문화 운동으로 승화할 수 있는 밑거름이 될 것"이라고 말했다.

화도진도서관 – 2009년 인천학 강의

강의명	일시	강사	내용
인천의 근대건축 산책	2009년 7월 14일	손장원 (재능대학 실내건축과 교수)	개항기 서구문물 도입의 시작점이었던 인천의 근대 건축물과 도시에 대한 이해를 바탕으로 단순한 건축물로서의 기능과 의미뿐만 아니라, 건축물의 상징성을 통하여 인천의 역사와 문화를 살펴볼 수 있는 시간
인천의 역사, 어떻게 볼 것인가	2009년 7월 21일	조우성 (시사편찬 위원)	『간추린 인천사』, 『인천은 불타고 있는가』, 『월미도 이야기』, 『20세기 인천 생활문화연표』, 『인천 이야기 100장면』, 『영종·용유지』 등의 저자이며, 인천에 대한 남다른 애착으로 인천역사를 연구한 조우성 위원의 강의
인천에서 활동한 한국현대 건축가	2009년 8월 25일	전진삼 (건축평론가)	서구근대문물의 시작점인 인천에서 활동한 한국의 현대건축가들의 면면을 한곳에서 살펴볼 수 있는 기회
인천과 「수도권정비계획법」	2009년 9월 1일	김홍전 (인천일보 논설위원)	경제성장과 지역균형개발 속에 논란이 되고 있는 수도권규제정책과 「수도권정비계획법」에 의해 영향을 받고 있는 인천의 현상황에 대하여 살펴볼 수 있는 기회
문학에 담긴 인천 이야기	2009년 9월 8일	이원규 (소설가)	여러 문학작품 속에 담긴 과거와 현재의 인천의 다양한 모습을 살펴볼 수 있는 시간
인천의 여성인물 열전	2009년 9월 15일	김윤식 (시인, 인천문인협 회장)	인천출신의, 인천에서 활동한 여성인물들의 면면을 살펴볼 수 있는 시간
굿모닝 인천에 담긴 동네방네 이야기	2009년 9월 22일	유동현 (굿모닝 인천 편집장)	인천이라는 지역에서 살아가는 우리 주변과 이웃의 소소한 이야기를 함께 나눠볼 수 있는 시간

영화탐색을 통한 인천의 재발견	2009년 9월 28일	구영민 (인하대학교 건축학과 교수)	영화 속에 투영되는 인천의 다양한 모습을 통하여 우리가 살고 있는 인천에 대한 감성을 느껴볼 수 있는 자리
우각리라는 곳(창영동 42번지 선교사저택 일대를 중심으로)	2009년 10월 6일	오광철 (인천신문 주필)	개항과 기독교 선교, 우각리에 대한 여러 가지 이야기들을 함께 나눌 수 있는 시간

5.2 향토역사연구회

인천은 중국, 일본, 러시아 등의 외국 건축양식과 그 흔적들이 남아 있어 각각의 특징과 역사적 의미가 깃들어 있는 지역이다. 이러한 인천의 역사와 문화를 탐구하여 고장의 가치를 알아볼 수 있도록 화도진도서관은 2005년 상반기, 하반기에 향토역사연구회 회원을 모집하여 강의를 진행하였다. 강사는 이종복 대표(터진개 문화마당 황금가지 대표)가 진행하였고 화도진도서관 내 2층의 향토·개항문화자료관에서 운영되었으며, 수강료와 교재는 무료였다. 프로그램 접수는 방문, 또는 전화로 선착순 30명까지 가능하였다.

화도진도서관 – 향토역사연구회 강의내용

날짜		강의내용
상반기	2005년 3월 7일	개강식(수업 진행내용에 관한 소개)
	2005년 3월 14일	인천학이란 무엇인가
	2005년 3월 21일	월미도(임해학교, 스탠더드 석유회사, 호텔, 사슴목장 등)
	2005년 3월 28일	밤도깨비 답사(월미도 일대 – 월미공원)
	2005년 4월 4일	인천의 자연환경과 지리
	2005년 4월 11일	인천역사의 개관
	2005년 4월 18일	밤도깨비 답사(시립박물관, 청량산 일대)
	2005년 4월 25일	인천지명의 유래와 변천

	2005년 5월 2일	회원주제발표
	2005년 5월 9일	인천의 근대
	2005년 5월 16일	밤도깨비 답사(청 · 일 조계지)
	2005년 5월 23일	근대 건축물로 읽는 인천문화
	2005년 5월 30일	밤도깨비 답사(인천의 근대 건축물을 찾아서)
하반기	2005년 9월 6일	제1강 인천 사진문화사
	2005년 9월 13일	제2강 인천 영화사
	2005년 9월 20일	제3강 답사 – 한국영화 상영의 무대를 찾아서
	2005년 9월 27일	제4강 서양인의 눈에 비친 인천풍경 1
	2005년 10월 4일	제5강 서양인의 눈에 비친 인천풍경 2
	2005년 10월 11일	제6강 답사 – 박상규 옹의 신일철공소(65년간 인천에서 대장장이업에 종사함)
	2005년 10월 18일	제7강 인천 신문사(대중매체 일반)
	2005년 10월 25일	제8강 인천을 주제로 한 문학작품
	2005년 11월 1일	제9강 답사 – 이인갑 옹(37년간 애관극장에서 근무함)
	2005년 11월 8일	제10강 인천 불교사
	2005년 11월 15일	제11강 인천 교회사(기독교, 천주교, 성공회)
	2005년 11월 22일	제12강 답사 및 종강

5.3 우리 고장 역사탐방

화도진도서관에서는 2006년 7월 27~28일 오전 10시부터 12시까지 중·고등학생들에게 인천의 역사, 문화유적지를 직접 답사하고 탐구함으로써 고장의 역사를 발견하고 재인식할 수 있는 기회를 마련하고자 '우리 고장 역사탐방'을 운영했다. 27일은 인천 동구의 송현배수지와 달동네박물관을, 28일에는 중구의 홍예문, 중구청, 은행거리, 대불호텔, 조계경계석, 화교학교, 공화춘, 삼국지거리, 자유공원을 방문했다. 초등학생(4~6학년), 중학생, 고등학생(각 회 35명)을 대상으로 전화 또는 방문을 통해 신청이 가능했고, 임영미 인천문화유산 해설가가 동행하였으며, 참가비는 무료였다.

5.4 사진으로 보는 인천교육 반세기

화도진도서관은 2006년 10월 25~29일 오후 3시부터 6시까지 '사진으로 보는 인천교육 반세기'사진전을 개최하였다. 인천학생교육문화회관 전시실에서 진행된 행사는 인천교육의 발자취를 따라가 보며 앞으로의 인천교육의 미래에 대하여 설계해 보는 계기를 제공하고자 하였다.

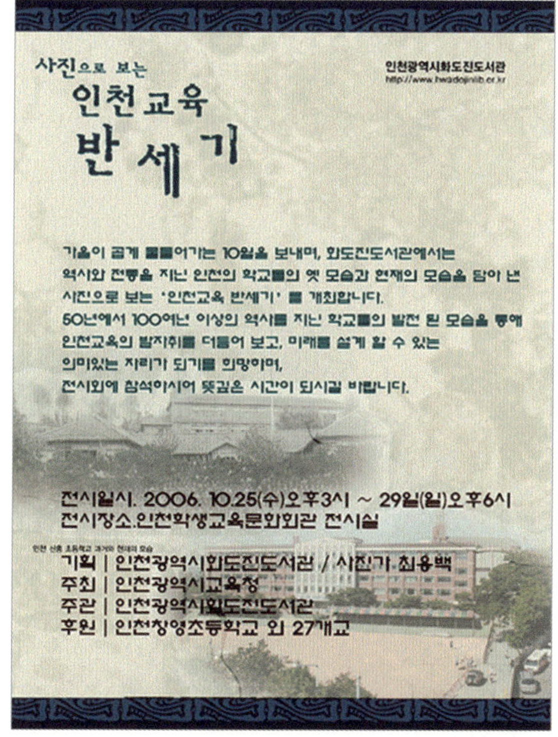

화도진도서관 – '사진으로 보는 인천교육 반세기' 안내문

화도진도서관 전시 사진 – 인천고등학교

5.5 향토교실

2012년 3월부터 기존의 도서관 방문 학생들을 대상으로 운영하였던 '1일 향토교실' 프로그램을 확대하였다. 도서관 방문이 어려운 학교로 향토・개항 문화자료관 사서가 직접 방문하여 초등학교 3~4학년을 대상으로 인천관련 사회교과과정과 연계하여 '우리 고장의 모습, 자랑, 생활과 변화, 인천의 생활' 등 인천의 어제와 오늘에 대해 알아보는 시간을 가졌다. 인천에 대한 애향심과 지역정체성을 길러줄 수 있는 중요한 시기에 학교로 '찾아가는 향토교실'은 아주 적절한 인천사랑교육 프로그램이 될 것으로 기대된다.

또한 화도진도서관에서는 효율적 운영을 위해 『재미있는 인천 이야기』를 발간하여 참여 학생들에게 배포할 예정이며, 인천의 지형과 지명의 변천과정, 개항 이전과 이후의 인천역사, 우리나라 근대화 창구로서의 인천의 모습 및 의의 등을 도서관 소장 사진자료와 함께 수록하여 학생들의 이해를 높일 수 있도록 구성했다. 참가를 희망하는 학교를 대상으로 신청을 받아 일정 조정 후 운영하였다.

5.6 향토사진전

화도진도서관은 2012년 5월 4일부터 5일까지 2일간 화도진공원 내 내사앞마당에서 인천의 과거와 현재의 모습을 한자리에서 확인할 수 있도록 사진전을 개최하였다. 같은 해 9월 22일부터 23일 양일간 인천 중구청 앞 대로에서는 '인천 근대 개항장 거리문화제'를 기념하여 인천의 근대 모습을 볼 수 있는 '개항 파노라마 사진전'을 개최하였다. 개항 초기 인천의 모습과 근대문물이 도입되면서 그 시절 다른 지역과 차별되는 인천의 다양한 풍경을 담은 사진을 선보였다.

2014년 2월 17일부터 21일까지 5일간 한국미래복지뉴스 창간 기념 1주년을 맞아 한국미래복지뉴스와 공동으로 인천시청 중앙홀에서 '인천의 어제와 오늘'이란 주제로 사진전시회를 개최하였다. 이 전시회는 화도진도서관의 소장자료인 박근원 작가의 작품으로 기획되었으며, 1960년대부터 오늘에 이르기까지의 변화된 인천의 모습을 하나의 앵글 속에 편집하여 구성한 작품들로 '인천교', '동인천역', '수문통시장' '화수어항' 등 과거 50점, 현재 37점, 총 87점이 전시되었다.

화도진도서관 – '인천의 어제와 오늘' 전시포스터

화도진도서관 사진 전시 모습

5.7 답사 프로그램

① 덕수궁, 정동, 남산골 한옥마을 답사

화도진도서관은 2007년 5월 12일 오전 9시부터 오후 6시까지 향토역사연구회 회원 및 일반시민을 대상으로 우리 근대사의 가장 치열했던 시간을 고스란히 담고 있는 역사공간인 '덕수궁과 정동 및 남산골 한옥마을' 답사를 진행하였다. 서울시 문화유산해설사가 동행하여 남산골 한옥마을, 덕수궁, 중명전, (구)러시아공사관, 경희궁, 정동길 등을 돌아보며 풍부한 탐사활동이 진행될 수 있었다. 선착순으로 45명을 향토·개항문화자료관에서 방문접수로 모집하였다.

② 인천가스과학관, 연수구 일대 문화유적지 답사

2007년 9월 8일, 화도진도서관은 초·중·고교생을 포함한 일반시민을 대상으로 인천가스과학관과 연수구 일대의 문화유적지 답사를 가졌다. 이날 답사는 에너지가 발생되는 원리를 이해할 수 있는 실험세트에서부터 LNG 시추와 액화, 수송 등 가스과학관의 다양한 체험시설을 통해 새로운 경험을 참가자들에게 제공하였다. 또한 인천시민의 문화공간인 시립박물관 관람과 연수구 일대의 문화유적지를 답사함으로써 선조들의 역사의 발자취를 돌아보고, 지역의 역사와 유적을 직접 보고 들으면서 향토애를 느낄 수 있는 기회가 되었으며, 에너지의 소중함을 깨닫고 과학적 사고를 키워 줄 수 있는 경험과 더불어 지역의 깊이 있는 문화유산을 직접 보고 느낄 수 있었다.

③ 인천항 갑문, 국립어린이박물관 견학

2008년 8월 13일부터 14일 이틀간은 여름방학을 맞아 초등학교 4학년 이상의 어린이들을 대상으로 인천항 갑문과 국립중앙박물관의 어린이박물관을 견학하는 여름방학 특별견학을 실시하였다. 특별견학에서는 갑문을 직접 관찰, 탐구함으로써 인천항에 대해 새롭게 인식하고 국립중앙박물관의 어린이박물관을 견학함으로써 우리나라의 문화와 역사의 우수성을 알아볼 수 있었다.

④ 인천 역사탐방교실

2009년 8월 6일부터 7일까지는 초등학교 4~6학년 학생을 대상으로 김용분, 이성호 등 향토문화유적지 해설사와 함께 인천의 역사와 문화유적지를 답사하는 '인천 역사탐방교실'을 진행했다.

⑤ 수원화성, 화성행궁 탐사

2006년 9월 23일 오전 9시부터 오후 6시까지 향토역사연구회 회원 및 일반시민을 대상으로 수원화성에 답사를 떠났다. 수원 화성 문화유산해설사가 동행하여 수원화성(성곽), 화성행궁, 토요상설공연 관람, 윤건릉 등을 돌아보며 풍부한 탐사활동이 진행될 수 있었다. 선착순으로 45명을 향토·개항문화자료관에서 방문접수로 모집하였다. 2010년 10월 23일에는 초·중·고교생을 포함한 시민들을 대상으로 수원화성과 화성행궁을 다녀왔다. 조선시대 실학과 효의 정신이 깃든 수원화성과 화성행궁을 답사하며 선조들의 빼어난 건축기술을 직접 보고 느끼는 시간을 가졌다.

⑥ 강화도 역사문화탐험

2011년 10월 22일과 2012년 10월 20일에는 '강화도 역사문화탐험'을 진행했다. 초등학생 이상의 시민 40명과 강화고인돌, 강화역사박물관, 고려궁지, 광성보, 외규장각 등 강화도의 시대별 대표 문화유적지를 답사하였다.

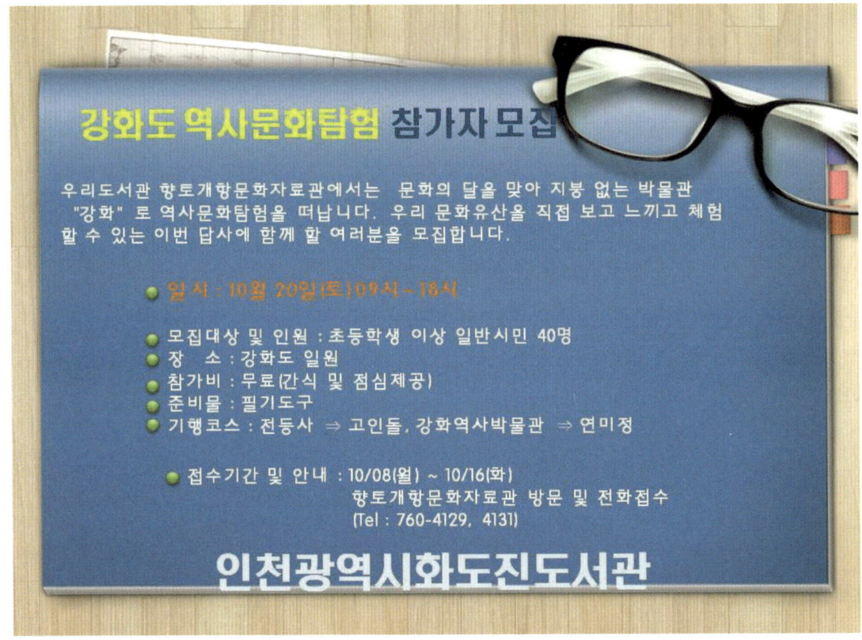

화도진도서관 – 2012년 '강화도 역사문화탐험' 참가자 모집 안내문

⑦ 강화도 향토답사

화도진도서관은 2013년과 2014년에 강화도 향토답사를 진행하였다. 먼저 2013년에는 6월 1일에, 2014년에는 6월 14일에 초등학생 이상 일반시민 40명을 대상으로 오전 9시부터 오후 6시까지 강화도로 향토답사를 떠났다. 용흥궁, 심도직물터, 김상용 순절비, 부근리 고인돌, 강화 평화전망대를 둘러보았다. 또한 2014년 6월 14일에도 초·중·고교생을 포함한 일반시민을 대상으로 강화도 향토답사를 운영하였다. 강화의 대표적 특산품인 화문석을 전시한 화문석 박물관과 한국 최초의 성당인 성공회 강화성당, 철종이 즉위 전 살던 집인 용흥궁, 심도직물터, 김상용 순절비, 고려궁지, 외규장각, 그리고 육안으로 북한의 모습을 볼 수 있는 연미정을 답사하였다.

2014년 상반기

향토답사 참가자 모집

향토.개항문화자료관에서는 지붕 없는 박물관 '강화'로 향토 답사를 떠납니다. 우리 문화유산을 직접 보고 느낄 수 있는 이번 답사에 함께할 참가자를 모집합니다.

○ 일 시 : 6월 14일 (토) 오전9시~오후6시

○ 모집대상 및 인원 : 초등학생 이상 일반시민 40명

○ 참가비 : 무료 (간식 및 중식 제공)

○ 일 정 : 전등사→점심식사→강화 부근리 고인돌→연미정

○ 강 사 : 임유상(인천문화유산해설사)

○ 접수기간 및 방법 : 5월 26일(월) ~ 30일(금)
방문접수 , 선착순 마감

○ 접수처 및 문의 : 2층 향토.개항문화자료관
(☎760-4129)

인천광역시화도진도서관

화도진도서관 – 2014년 '강화도 향토답사' 참가자 모집 안내문

5.8 길 위의 인문학

2013년 10월에 화도진도서관에서는 근대도시 인천의 정체성과 동시에 탈근대도시로서의 인천의 비전을 찾아 인천의 구도심(개항장)과 신도시(송도경제자유구역)를 중심으로 '인천 리딩 & 인천 워킹(仁川 Reading & 仁川 Walking)'이라는 주제로 '길 위의 인문학' 프로그램을 운영하였다. 총 2회의 인천지역 탐방과 4회의 인문학 공연 및 강연으로 이뤄졌으며 작가이자 연출

가인 장한섬, 향토사학자 이종복, 건축평론가 전진삼, '스페이스 빔' 민운기 대표가 참여하였다.

'인천 리딩'은 10월 1일(화) '인천, 노래로 읽다', 10월 7일(월) '인천, 음식으로 읽다', 10월 14일(월) '인천, 영화로 읽다', 10월 21일(월) '인천, 소설로 읽다'라는 주제로 진행되며, '인천 워킹'은 10월 12일(토) '인천개항장, 근대도시의 명암'(탐방 – 인천개항장박물관 등), 10월 26일(토) '인천신도시, 탈근대의 비전인가'(탐방 – 송도경제자유구역 외)라는 주제로 탐방하였다.

인천의 도시미학을 생활과 밀접한 '음식', '소설' 속 인물, '영화'의 배경, '노래'의 가사 속에서 찾는 등 다양한 활동들로 꾸며졌다. 이를 통해 인천의 비전을 재발견하며 인천시민으로서의 정체성과 자부심을 가질 수 있는 기회가 되었다.

또한 2014년 6월 2월부터는 '仁川 모던 & 포스트 仁川'을 주제로 총 8회(상반기 5회, 하반기 3회)로 나누어 강연과 공연, 탐방으로 '길 위의 인문학' 프로그램이 운영되었다. 인천시사편찬위원 조우성, 작가 겸 연출가 장한섬이 참여하였다. 프로그램은 6월 2일 '여성의 욕망은 어떻게 억압되는가', 6월 9일 '여성의 권력은 어떻게 성취되는가', 6월 16일 '가장의 위기와 밥벌이의 격변', 6월 30일 '전쟁의 도시, 인천'이라는 주제로 강연이 진행되었으며, 6월 23일에는 '서부전선 이상 없다'라는 주제로 공연을 가졌다.

'길 위의 인문학'은 각 강좌별 40명을 선착순 모집하며 고등학생 이상 일반시민이면 누구나 참여가능하고 참가비는 무료이다.

경인일보. 김성호. 공연・전시회・강의 … 도서관 '문화 잔치'
http://www.kyeongin.com/?mod=news&act=articleView&idxno=840762
경인일보. 목동훈. 강화도 역사문화탐험 프로 참가 시민 모집
http://www.kyeongin.com/news/articleView.html?idxno=610665
뉴시스. 이명근. 사진으로 보는 인천교육 반세기 사진전 – 인천고등학교
http://news.naver.com/main/read.nhn?mode=LSD&mid=sec&sid1=103&oid=003&aid=0000208686

뉴시스. 정성영. 인천가스과학관 및 연수 문화권 일대 향토답사
http://news.naver.com/main/read.nhn?mode=LSD&mid=sec&sid1=102&oid=003&aid=0000539087
뉴시스. 정성영. 화도진도서관, 여름방학 특별견학
http://news.naver.com/main/read.nhn?mode=LSD&mid=sec&sid1=102&oid=003&aid=0002212452
동아닷컴. 차준호. 공동도서관에서 알찬 방학을
http://news.donga.com/3/all/20070725/8470624/1
동아일보. 차준호. '내 고장 바로 알자' 인천學 배우기 확산
http://news.naver.com/main/read.nhn?mode=LSD&mid=sec&sid1=102&oid=020&aid=0000137641
동아닷컴. 차준호. 도서관에 가면 다 배워요
http://news.donga.com/3/all/20070822/8480974/1
동아닷컴. 차준호. '역동의 도시' 100년 전 인천을 한눈에
http://news.donga.com/3/all/20071115/8512051/1
동아일보. 황금천. 그곳에 가면 - 화도진공원
http://news.naver.com/main/read.nhn?mode=LSD&mid=sec&sid1=102&oid=020&aid=0000317363
동아일보. 황금천. 5월엔 도서관이 가족 놀이동산
http://news.naver.com/main/read.nhn?mode=LSD&mid=sec&sid1=102&oid=020&aid=0000236202
시민일보. 문찬식. 가을맞아 도서관 프로그램 풍성
http://www.siminilbo.co.kr/news/articleView.html?idxno=244082
아주경제. 박홍서. '仁川 모던 & 포스트 仁川' 참가자 모집
http://www.ajunews.com/view/20140509123918124
아주경제. 박홍서. 인천 화도진도서관, '강화도 향토답사' 참가자 모집
http://www.ajunews.com/kor/view.jsp?newsId=20131018000262
아주경제. 박홍서. 인천 화도진도서관, '길 위의 인문학' 참가자 모집
http://www.ajunews.com/kor/view.jsp?newsId=20130913000256
아주경제. 박홍서. 인천 화도진도서관, 문체부 주최, 한국도서관협회 주관 '공공도서관, 길 위의 인문학' 사업공모 선정
http://www.ajunews.com/kor/view.jsp?newsId=20130828000248
아주경제. 박홍서. 인천 화도진도서관, 박근원 작가 사진전
http://www.ajunews.com/view/20140212115505400
연합뉴스. 김창선. 인천 화도진도서관, 향토 사진전시회
http://news.naver.com/main/read.nhn?mode=LSD&mid=sec&sid1=102&oid=001&aid=0001444729
연합뉴스. 김창식. 인천 화도진도서관 아동 향토교실 및 청각장애학생 독서교육
http://news.naver.com/main/read.nhn?mode=LSD&mid=sec&sid1=102&oid=001&aid=0006837790
연합뉴스. 김태식. 『개항과 양관역정』 영인본 발간
http://news.naver.com/main/read.nhn?mode=LSD&mid=sec&sid1=106&oid=001&aid=0000301537
이뉴스투데이. 권영준. 인천 연수구, 100년 전 인천으로 떠나는 시간여행! Go go!
http://www.enewstoday.co.kr/news/articleView.html?idxno=256936
이뉴스투데이. 권영준. 인천 화도진도서관, '인천 어제와 오늘' 사진전 개최
http://www.enewstoday.co.kr/news/articleView.html?idxno=260463
인천뉴스. 주영민. 인천 화도진도서관, '인천 개항 파노라마' 사진전
http://news1.kr/articles/?820976
화도진도서관 홈페이지
http://www.ihl.kr

전라남도립도서관

주　　소 전라남도 무안군 삼향읍 남악로 210
우편번호 58579
전　　화 061-288-5200, 5260
팩　　스 061-288-5090~1
홈페이지 http://lib.jeonnam.go.kr

1 전라남도립도서관

전라남도립도서관은 2011년 12월 5일부터 2012년 1월 11일까지 시범운영을 거친 후 1월 12일에 개관하였다. 전라남도의 대표도서관으로서 도민이 독서를 생활화할 수 있도록 환경을 조성하고 도민에게 친숙한 도서관이 되기 위해 노력하고 있다. 이를 위하여 전라남도립도서관은 도・시・군의 도서관 상호 네트워크 강화, 도를 대표하는 독서문화 프로그램의 개발 및 운영, 독서동아리 기반 구축 및 활동을 지원하고, 회원증 통합서비스, 이동도서관 운영, 책나래, 책바다 서비스, 한 책 읽기 운동, 직원 및 자원봉사자 교육 등을 강화하고 있다.

도서관 건립에는 복권기금 45억 원이 지원되었으며, 전라남도립도서관 건물에는 다양한 의미를 담고 있다. 전라남도립도서관은 전국 최초로 '펼쳐 놓은 책' 모양의 지붕을 가지고 있고, 지부, 기단, 대문 등 곳곳에 한옥의 전통미를 살렸다. 외벽에는 한글을 중심으로 여러 나라의 문자와 기호를 새겨 책과 도서관의 의미를 되새겨보도록 하였다. 또한 남도의 자랑인 박화성, 허영만, 정채봉, 조정래, 정약용 등 총 19인의 작가들과 작품들의 이름을 새겨 넣었다.

도서관 내부는 전체적으로 편백나무를 둘러 친환경적이고, 태양광시설을 설치하여 에너지 절약 도서관으로서 활약하고 있다.

2 주요 서비스

2.1 남도문화마당

남도문화마당은 역사 속 남도문학의 흐름과 그 중심에서 활동했던 선비들의 삶과 문적 등에 대한 안내와 전시를 통해 남도지역 출신의 중요 인물 및 작가들의 주요 작품의 발표년도를 소개하고 있다. 남도문화마당은 전라남도립도서관 1층에 90m^2 공간에서 오전 9시부터 오후 6시까지 이용이 가능하다.

2.2 남도자료실

남도자료실은 전라남도의 아름다운 옛것과 고유한 향토자료를 모아 미래세대에 소중한 자산으로 물려주고자 각 시·군의 역사, 문화, 산물과 관련된 자료를 수집하여 체계적으로 보전·관리하여 제공하고 있다. 남도자료실의 모든 자료는 보존을 위하여 대출은 불가능하며, 서가의 배열은 '전라남도 - 시·군 분류 - 타 시·도 분류 - 대한민국'으로 분류되어 있다.

2.3 자료기증

남도자료실은 개인이 소장한 희귀자료와 향토자료를 기증받고 있으며, 기증가능한 자료는 각 시·군의 역사, 문화, 산물과 관련된 자료이다.

2.4 문학자료실

문학자료실은 광주·전남출신 작가의 시, 소설, 수필 등 문학작품 및 문학동인지 코너를 운영하여 향토작가의 문학작품 감상이 가능하다. 자료실 내 모든 자료는 현장에서 자유롭게 열람이 가능하지만 대출은 도서관 회원증이 있어야만 가능하다.

3 시설 및 소장자료 현황

남도자료실과 남도문화마당은 1층에 위치하고 있으며, 남도자료실은 44석의 좌석과 검색PC 1대, 복사기 1대가 있다. 이용가능한 시간은 월~금요일, 오전 9시부터 오후 10시, 주말은 오후 6시까지 이용가능하다.

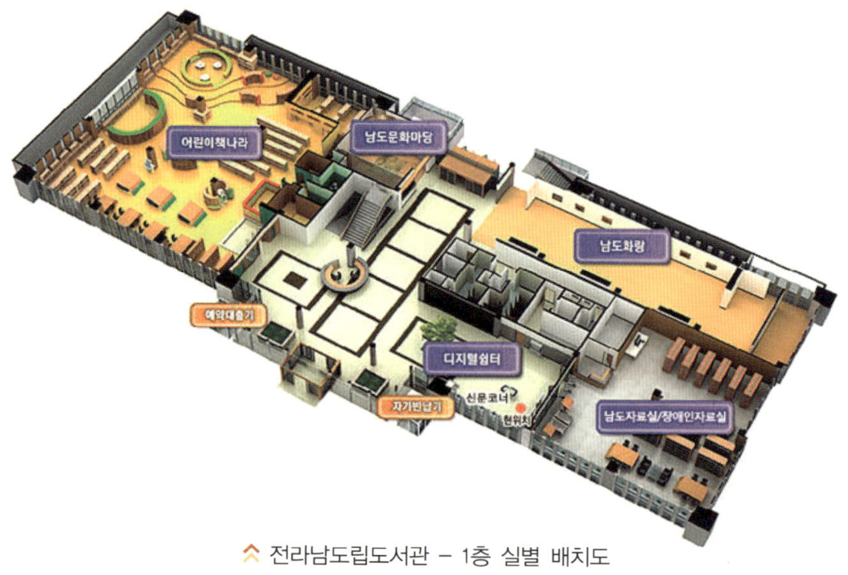

전라남도립도서관 - 1층 실별 배치도

문학자료실은 3층에 위치한다. 109석의 좌석과 검색PC 2대, 자가 대출반납기 1대, 보이스아이 1대로 운영된다. 이용가능한 시간은 월~토요일 오전 9시부터 오후 10시, 일요일은 오후 6시까지 이용가능하다.

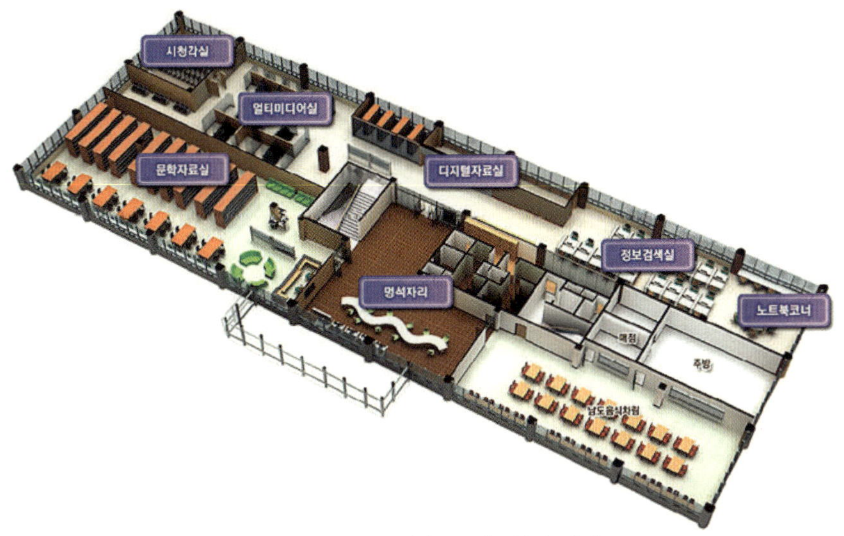

전라남도립도서관 – 3층 실별 배치도

전라남도립도서관에는 2015년 6월 말 기준 총 159,185권의 자료가 있다. 그 중 도서 148,566권, 비도서자료 10,619점을 소장하고 있다. 전라남도립도서관 자료 현황은 다음과 같다.

전라남도립도서관 자료 현황 – 2015년 6월 말 기준

(단위: 권, 점)

자료실명	자료 현황			비고
	계	도서	비도서	
어린이책나라	42,676	42,676	–	–
• 남도자료실 • 장애인자료실	8,366	8,366	–	• 남도(4,890) • 나눔(3,476)
• 일반자료실 • 다문화자료실 • 간행물실	56,375	56,375	–	간행물(64종)
문학자료실	21,263	21,263	–	
디지털자료실	10,619	–	10,619	• 전자책(5,572) • 오디오북(1,330) • DVD 등(3,539) • 웹 콘텐츠(178)
보존서고	14,863	14,863	–	–

이동도서관 자료	5,023	5,023	-	-
총계	159,185	148,566	10,619	-

4 관련부서

조직	업무	전화번호
정보서비스 담당	• 독서문화진흥계획 수립 • 자료실 운영 • 도서기증 및 향토자료 수집 • 도서 및 비도서 구입 • 문화프로그램 운영 • 이동문고 운영	061-288-5214

실명	실별 전화번호	담당 전화번호
남도자료실	061-288-5264	061-288-5233
문학자료실	061-288-5270	061-288-5240

내용 및 사진출처

전라남도립도서관 홈페이지
http://lib.jeonnam.go.kr

제주도서관

주　　소 제주특별자치도 제주시 연삼로 489(이도2동)
우편번호 63218
전　　화 064-722-2666
팩　　스 064-722-2995
홈페이지 http://www.jejulib.or.kr

1 제주도서관

제주도서관은 1957년 11월 1일에 개관한 제주도 최초의 공공도서관으로 공중의 정보이용과 문화활동 및 지역사회의 평생교육기관으로서의 역할을 수행하고 있다. 최신의 자료 및 정보제공으로 학생과 지역주민들의 독서활동을 지원하는 한편, 독서·토론 등의 프로그램을 활성화하여 학생들의 창의성과 독서생활화를 도모하고 있다. 또한 성인대상의 문화프로그램 운영으로 평생학습기회를 제공하여 지역주민들의 삶의 질 향상에 기여하고 있다. 특색사업으로는 '찾아가는 소외계층 독서교육'사업을 수행하고 있다.

2 주요 서비스

도립도서관으로 출발한 제주도서관은 1984년 우당도서관이 생길 때까지 제주 시내에서 유일한 공공도서관이었기 때문에 이 같은 역사성을 바탕으로 오래된 자료를 많이 갖고 있다. 더욱이 이전한 현재 위치도 도서관으로서는 드물게 도심지여서 접근성에서도 장점을 갖고 있다.

우당도서관은 도서관의 연한에서 알 수 있듯이 희귀자료가 많다는 것이 특징이다. 먼저 대부분의 지방신문을 창간 때부터 보유하고 있고, 오래되어 훼손 우려가 있는 신문의 경우 마이크로필름화하여 보존하고 있다. 도내 근대

신문의 출발인 「제주신보」(현재 제주일보)의 1947년 발간분 일부와 1950~1980년대 「제주신문」과 「제남신문」 등이 그것이다. 다른 연대의 신문도 복사본을 만들어 이용자들이 손쉽게 열람할 수 있도록 하고 있으며 향토자료를 많이 보존하고 있다.

 시설 및 소장자료 현황

향토문화콘텐츠실은 91.7m^2의 공간에 2석의 열람공간을 가지고 있다. 제주도서관 자료 현황은 다음과 같다.

주제별 장서현황 (단위: 권)

분류별	일반자료실	어린이자료실	총 보유(권)	비율(%)
총류	13,299	1,874	15,173	6.3
철학	9,734	1,691	11,425	4.7
종교	5,272	1,099	6,371	2.6
사회과학	44,921	6,188	51,109	21.2
자연과학	6,558	8,583	15,141	6.3
기술과학	21,117	1,793	22,910	9.5
예술	11,278	1,749	13,027	5.4
어학	6,686	1,639	8,325	3.4
문학	40,009	32,173	72,182	29.9
역사	18,093	7,623	25,716	10.7
총계	176,967	64,412	241,379	100

비도서자료 현황 (단위: 점)

비디오 테이프	카세트 테이프	CD	DVD	신문 마이크로 필름	오디오북	전자책	총계
365	74	1,689	4,389	6	432	11,905	18,860

4 관련부서

부서	업무	전화번호
자료지원부	• 종합자료실, 향토자료실 운영 담당 • 종합자료실, 향토자료실 자료 및 회원관리 • 종합자료실, 향토자료실 열람 및 대출업무 (미반납도서 관리 포함) • 종합자료실, 향토자료실 통계작성 • 신문 및 정기간행물 관리 및 열람	064-722-2997

네이버 기관단체사전. 제주도서관

http://terms.naver.com/entry.nhn?docId=891158&cid=43143&categoryId=43143

디지털제주문화대전. 제주도서관

http://jeju.grandculture.net/Contents?local=jeju&dataType=01&contents_id=GC00701962

위키백과. 제주도서관

http://ko.wikipedia.org/wiki/%EC%A0%9C%EC%A3%BC%EB%8F%84%EC%84%9C%EA%B4%80

제주도서관 홈페이지

http://www.jejulib.or.kr

제주일보. 홍성배. 역사성·전문성 바탕 귀한 자료 많아

http://www.jejunews.com/news/articleView.html?idxno=876013

제천시립의병도서관

주 소 충청북도 제천시 내제로 318
우편번호 27167
전 화 043-641-3726
팩 스 043-641-3729
홈페이지 http://jclib.okjc.net

제천시립도서관

제천시립의병도서관이 위치한 제천시립도서관은 1994년 개관하여 현재 36만여 권의 장서를 소장하고 있으며, 개관 이래 4년 연속 우수도서관으로 선정되어 각종 상을 수상하였다. 제천시립도서관은 도서관 이용자가 독서를 통해 지식과 정보, 다양한 문화를 알게 될 뿐만 아니라 덕성과 품성을 높여 인격을 수양할 수 있도록 다양한 도서와 정보를 제공하고 있다.

주요 서비스

2.1 제천시립의병도서관

2006년 7월 28일 역사 특화도서관으로 개관한 제천시립의병도서관은 지역의 숭고한 의병정신을 계승하고 한말을 비롯한 망국의 시기에 치열하게 전개된 항일투쟁관련 자료를 한자리에 모아 연구자들에게 제공하고 있다. 지역의 후손들이 이러한 지역적 전통을 이어받아 진정으로 의로운 지역문화와 전통을 만들어 갈 수 있도록 '의병자료 특화도서관'을 설치·운영하고 있다.

2.2 제공서비스

제천시립의병도서관의 주요 서비스는 한말, 망국기 항일투쟁관련 단행본, 논문, 향토문화콘텐츠(문집류), 관보, 외교문서, 마이크로필름, 필름 등의 소장·열람서비스, 제천의병 주요 연표, 다시 보는 의병인물 등 온라인정보 검색 서비스, 기증자 개인자료실, 의병전시실 운영 및 자료실 VR서비스, 의병관련 영상홍보물 상영·강의·세미나 개최 등으로 국내의 의병관련 희귀자료는 열람서비스만 가능하며, 대출서비스는 제공하지 않는다.

시설 및 소장자료 현황

건축면적 1,864m^{2}에 설립된 의병도서관은 2층에 조선후기 역사자료, 항일투쟁자료, 제천의병자료 열람이 가능한 의병자료실, 이구영 기증 고서 및 문서를 소장한 이구영 자료실, 이구영 기증 서간, 서예작품을 소장한 의병전시실을 별도로 운영하고 있다. 제천시립의병도서관의 2015년 6월 기준 소장자료는 다음과 같다.

의병도서관 소장자료 현황 – 2015년 6월 30일 기준 (단위: 책, 점)

총계	일반자료실	이구영 자료실(고문서)	마이크로필름	CD
15,173	9,545	5,461	107	60

관련부서

부서	업무	전화번호
열람팀	• 열람팀 일반업무 • 의병자료실 및 전시실 운영·관리 • 도서관 연장시간 근로자 관리 • 작은도서관 설치 및 협력·지원 • 책 읽기 운동 추진	043-641-3742
의병자료실	의병자료에 관한 사항	043-641-3726

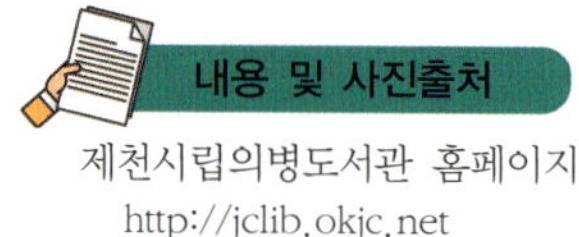

제천시립의병도서관 홈페이지
http://jclib.okjc.net

탐라도서관

주　　소	제주특별자치도 제주시 정원로 50
우편번호	63088
전　　화	064-742-7395
팩　　스	064-728-8589
홈페이지	http://lib.jeju.go.kr

1 탐라도서관

제주시 탐라도서관은 1989년에 개관한 대한민국 제주특별자치도의 공공 도서관이다. 탐라도서관은 자관의 운영을 통해 인근 지역주민에게 도서관 서비스를 제공하는 것은 물론, 옛 북제주군 지역의 소규모 도서관인 애월도서관과 한경도서관을 운영함으로써 제주시 서부지역 도서관의 운영주체로서의 역할을 수행하고 있다.

2 주요 서비스

탐라도서관은 1층 참고향토자료실(40석)에서 제주관련자료를 제공하고 있다.

2.1 원문DB

탐라도서관은 제주관련자료의 효율적인 관리와 보전을 위해 제주관련자료(책자)들의 원문DB를 구축, 시민들에게 자료를 제공하고 있다. 구축도서는 도서관에 소장하고 있는 자료 중 제주시에서 발간한 통계연보, 향토자료, 각종 보고서 등이다.

2.2 향토문화학교

탐라도서관은 2011년에 향토문화학교를 개설하여 6월부터 10월까지 5개월간 운영하였다. 프로그램은 성인, 청소년, 어린이반으로 나뉘어 수준별로 운영되었다. 성인반은 '제주전설의 뿌리를 찾아서'를 주제로 고장의 역사와 문화에 대한 올바른 지식을 습득하기 위해 이론교육과 문화유적지 탐방을 병행하였고, 청소년반은 '제주어로 배우는 제주인의 삶과 문화'를 주제로 제주어 속에 깃든 제주의 삶과 문화에 대해 알아보는 시간을 가졌다. 어린이반은 '연극과 함께 하는 제주문화 이야기'를 주제로 연극을 통해 제주문화 이야기를 자연스럽게 체험하는 시간을 가졌다.

3 관련부서

업무	전화번호
주민생활지원 전반	064-728-4511
도서관 시설물 관리업무	064-728-8363
이용자안내 및 청사방호	064-728-8381
일반서무	064-728-8362
열람계 업무 전반	064-728-8371
독서진흥사업 추진	064-728-8373
어린이자료실 관리·운영	064-728-8375
이동도서관 운영	064-728-8382
어린이자료실 운영	064-728-8384
종합자료실 관리·운영	064-728-8387

위키백과. '제주시 탐라도서관'

http://ko.wikipedia.org/wiki/%EC%A0%9C%EC%A3%BC%EC%8B%9C_%ED%83%90%EB%9D%BC%EB%8F%84%EC%84%9C%EA%B4%80

제주의 소리. 이미리. 제주 탐라도서관, '2011 향토문화학교' 개설

http://www.jejusori.net/news/articleView.html?idxno=100646

제주일보. 홍원석. 제주시, 제주관련 자료데이터베이스 구축

http://www.jejunews.com/news/articleView.html?idxno=80847

제주특별자치도 홈페이지

http://www.jeju.go.kr

탐라도서관 홈페이지

http://lib.jeju.go.kr

한라도서관

주　　소 제주특별자치도 제주시 오남로 221
우편번호 63147
전　　화 064-710-8666
팩　　스 064-710-8640
홈페이지 http://lib.jeju.go.kr

1 한라도서관

제주시 한라도서관은 2008년 개관한 대한민국 제주특별자치도의 공공도서관이다. 지난 2006년 개정된 「도서관법」에 의한 '전국 제1호 대표도서관'으로서 중앙정책의 지역거점화와 자료 및 프로그램 특성화 추진에 역점을 둔 지역 대표 도서관이다. 제주특별자치도의 도서관 정책을 평가하고 도서관 협력 네트워크시스템의 운영과 도내 공공도서관의 관리 및 지도·감독 등 지역의 도서관 정책을 수립하고 이와 관련된 서비스를 체계적으로 지원하고자 노력하고 있다. 또한 한라도서관은 일반적인 도서 및 기록류의 수집과 정보 보존은 물론, 제주특별자치도 및 제주특별자치도교육청과 그 소속 행정기관 등 공공기관에서 발간 및 제작한 자료의 수집과 보존을 담당하고 있다. 제주관련 자료를 즉시 구입하여 보존함은 물론 모든 자료를 전산화하여 이용자들에게 편의를 제공하고 있다. 또한 기형적인 도서관 열람문화를 근절하고자 별도의 열람실을 설치하지 않아, 자유로운 열람분위기를 보여주고 있다.

2 제주문헌자료실

한라도서관은 제주의 향토·문화의 정체성 연구를 위하여 도서관 1층에 제주문헌자료실을 설치하였다. 현재 2만 2,000여 권의 제주문헌자료를 확보하여, 도내 최대 규모의 제주문헌자료를 소장하고 있다. 자료를 단순히 수집하는 것뿐만 아니라 민속학자와 학계 등 자문위원을 위촉하여, 자료를 지속적으로 확충해 나가고 있다. 총 48석의 좌석이 제주문헌자료실에 준비되어 있으며, 홈페이지 내 자료실을 이용해 '제주문헌실 향토자료 도서구입목록'을 제공하고 있다.

2.1 『제주문헌목록집』 발간

한라도서관은 제주문헌을 주제별로 분류하여 소장도서의 검색이 용이하도록 하는 한편, 2013년에는 제주문헌자료를 체계적으로 관리하고 제주학 연구자들에게 제주관련자료를 손쉽게 찾아볼 수 있도록 제주문헌 16,281권을 소장도서관별로 수록한 『제주문헌목록집』을 발간했다. 『제주문헌목록집』은 제주지역 공공도서관 21개관, 제주대학교 도서관 소장 제주문헌 외에도 국립중앙도서관, 국회도서관, 서울대학교 규장각목록과 미국 하와이대학교, 일본 천리대학교 도서관 목록을 중심으로 소장하고 있는 제주관련목록들을 모아 수록하여 소장도서관별·주제별로 체계적으로 나누어 편집하였다.

제주문헌목록의 편집은 서명, 저자명, 출판사, 출판년도, 소장도서관별로 수록해 쉽게 찾을 수 있도록 하였고 제주문헌자료의 활용도를 높이는 동시에 이용에 편리하도록 한국십진분류법(KDC)에 의해 주제별 가나다순으로 편집했다.

2.2 제주관련자료 기증 운동

한라도서관은 2008년 개관 이후부터 지속적으로 기증 운동을 전개하고 있다. 지난 2014년 11월 3일부터는 지역 대표 도서관의 역할을 제고하고 제주문헌자료의 확충을 위해 제주관련자료 기증 운동을 펼치고 있다. 제주관련문헌을 소장하고 있다면 개인·단체 상관없이 누구나 기증이 가능하며, 기증

대상자료는 제주지역 출신 작가가 발간한 도서, 제주지역 역사, 문화, 관광, 기행 등에 관한 자료, 제주지역 기관·단체에서 발행한 모든 도서 및 간행물, 그 외 제주지역에 관한 시청각자료, 비도서자료 등이다. 기증받은 제주문헌 도서는 제주문헌자료실에 비치해 제주학을 연구하는 도민들에게 공개하게 된다. 현재 제주문헌자료를 1,000권 이상 기증한 전(前) 제주대학도서관 양상숙 사서, 제주대학교 김병택 교수, 고(故) 김영돈 교수, 전(前) 교육의정회 김찬흡 이사장 등 4명은 별도로 기증도서 코너가 마련되어 있다.

2.3 제주출신 작가 도서전

한라도서관은 2013년 1월 3일부터 연중으로 제주출신 작가들이 최근 발간한 도서를 한눈에 볼 수 있도록 '제주출신 작가 도서전시회'를 개최했다. 제주의 역사, 문화, 사회, 자연 등 제주관련주제의 도서 800여 권을 비치하여 제주도민에게 다양한 자료를 제공하고 있다.

3 관련부서

부서	업무	전화번호
자료보존팀	일반자료실·제주문헌자료실 운영·관리	064-710-8648

내용 및 사진출처

시사제주. 한라도서관 개관 5주년을 맞아 『제주문헌목록집』 책자 발간
http://www.sisajeju.com/news/articleView.html?idxno=202763
시사제주. 한라도서관 '제주문헌자료 기증하세요'
http://www.sisajeju.com/news/articleView.html?idxno=228255
제주의 소리. 좌용철. '전국 제1호 대표도서관' 제주 한라도서관 개관
http://www.jejusori.net/news/articleView.html?idxno=55410
한라도서관 홈페이지
http://lib.jeju.go.kr

해남군립도서관

주 소 전라남도 해남군 해남읍 군청길4
우편번호 59028
전 화 061-530-5890~1
팩 스 061-530-5599
홈페이지 http://lib.haenam.go.kr

1 해남군립도서관

전라남도 해남군립도서관은 1995년 건립기금 마련을 위해 '내 고장 담배 사 피우기' 캠페인을 전개한 뒤 2002년 개관하였다. 2009년과 2010년 전국 도서관 운영평가에서 대통령상, 문화체육관광부 장관상을 수상했으며, 공공 도서관 이용자 만족도 3년 연속 전국 1위로 선정되었다. 도서관 정기휴관일은 매주 월요일과 국경일, 정부가 특별히 지정한 공휴일이다.

2 시설 및 소장자료 현황

전체 시설규모는 지하 1층, 지상 5층 건물이다. 주요 내부시설로는 지하 1층에 국악 및 댄스연습실, 헬스장, 체험학습실 등이 있다. 해남문화예술회관과 공동사용하고 있는 지상 1층과 2층에는 대공연장이 있으며, 3층에는 비디오감상실과 문예창작실, 문학강의실, 4층에는 종합자료실과 아동열람실, 참고도서실, 향토자료실이 있고 5층에는 자유학습실과 디지털자료실, 컴퓨터교육장 등이 있다. 소장자료는 도서자료로 일반도서 6만 1,540권, 아동도서 2만 1,826권이 있다. 비도서자료는 전자책 4,290점, DVD 1,205점, CD 516점, 비디오 877점 등 총 7,374점을 보유하고 있다. 정기간행물은 잡지 45종, 신문 21종 등 총 66종이 있다. 도서관 주요 사업으로는 문화의 집, 도서관 주간 행사, 독서의 달, 독서교실 등 독서문화행사를 진행한다.

관련부서

업무	전화번호
문예체육진흥사업소 업무 전반	061-530-5450
문화예술회관 운영업무 전반	061-530-5451
문예회관 행사 및 도서관운영위원회 운영	061-530-5452
도서관 자료관리, 도서관리 프로그램 운용	061-530-5883
대출·반납 및 독서회원, 자료실 관리	061-530-5890~1
문화의 집, 문화교육 프로그램 운영	061-530-5896~7
문예체육진흥사업소 업무 전반	061-530-5450
문화예술회관 시설물 유지관리 총괄	061-530-5617
문화예술회관 청사관리	061-530-5886
통신부분 유지관리	061-530-5618
전기, 소방시설 방범, CCTV 관리	061-530-5619
군민광장 지하주차장 관리	061-530-5898
문화예술회관 환경정리	061-530-5892

관련행사

해남군립도서관은 2008년 7월 여름방학을 맞이하여 여름방학기간 동안 자연과 함께하는 체험 프로그램을 운영했다. 2008년 7월 13일에는 해남지역 문화유적 6곳을 둘러보는 향토문화유산 탐방을 시작으로 25일에는 숲 체험이 실시되었다. 체험에는 문화관광 해설가가 동행해 견학지별로 자세한 설명을 곁들여 향토문화에 대해 바로 알고 새롭게 인식할 수 있는 계기가 마련되었다.

네이버 기관단체사전. 해남군립도서관
http://terms.naver.com/entry.nhn?docId=891384&cid=43143&categoryId=43143
연합뉴스. 조근영. 해남군립도서관 12일부터 향토문화 체험행사
http://news.naver.com/main/read.nhn?mode=LSD&mid=sec&sid1=100&oid=001&aid=0002159764
해남군립도서관 홈페이지
http://lib.haenam.go.kr

향토문화콘텐츠와 도서관

Chapter

3

향토문화콘텐츠 전시관

광주광역시 남구문화원

주　　소 광주광역시 남구 봉선로 208 종합문화예술회관(청소년수련관)
우편번호 61705
전　　화 062-671-7356
팩　　스 062-671-7358
홈페이지 http://www.kjnamgu.co.kr

1 광주광역시 남구문화원

광주광역시 남구문화원은 지역의 전통문화와 역사의 전승과 발전을 위하여 1999년 3월 24일 설립되었다. 동시에 문화원 활동과 향토사료 발굴을 활성화시키고자 「금당문화」(회보), 「문화금당」(원지), 광주 남구 「마을지」, 「민속지」, 「효와 효행」 등을 발행 및 간행하였다. 특히 전통문화교육 강좌인 '금당문화대학'은 12주의 운영기간 동안 광주·전남의 다양한 역사와 문화를 향토 역사전문가들이 알기 쉽게 전달하고 광주 및 전남지역의 문화유적답사를 진행하면서 지식과 정보, 문화적 경험을 동시에 제공하는 남구문화원의 대표 강좌로 자리 잡았다.

2 주요 프로그램

2.1 문화유적답사

문화유적답사 프로그램은 40명의 인원을 선착순으로 모집하여 항상 새로운 문화유적지를 직접 찾아가 보는 프로그램이다. 2008년부터 2015년 현재까지 이루어지고 있으며 프로그램에 대한 문의 및 참가신청은 문예회관 4층 남구문화원 사무국으로 직접 방문하거나 전화로 가능하다.

① 2008년 1차 문화유적답사

2008년 4월 26일 토요일 오전 9시부터 영암군 일대 문화유적답사를 진행하였다.

② 정남진 장흥 문화유적답사

2008년 9월 27일에는 정남진 장흥 일대 문화유적답사를 가졌다. 서울 광화문에서 정남쪽으로 내려오면 도착하는 해변이라 하여 붙여진 정남진 장흥은 경관이 산들과 바다를 품어 그 풍경이 매우 아름다우며 많은 국보와 보물을 간직한 선종의 유래지 보림사를 시작으로 유명한 경치만큼이나 많은 정자, 고택을 답사하였다.

정남진 장흥 문화유적답사 일정표

오전	점심	오후
• 보림사 • 부춘정 원림 • 사인정 • 동학농민혁명기념탑	–	• 존재 고택, 위성용 고택 • 위성택, 위성탁, 위봉한 고택 • 장천재, 효자송, 삼산리 후박나무 • 방촌리 석장승

③ 함양 문화유적답사

2008년 10월 25일에는 경남 함양군 일대 문화유적을 돌아보는 시간을 가졌다. 함양은 조선시대에는 좌안동, 우함양이라 할 만큼 학문과 문벌이 뛰어났던 고장이라 양반과 서원이 많아 운치와 기품이 있는 고장이다. 고운 최치원 선생에 의해 우리나라 최초로 조성된 인공림인 상림을 비롯하여 정여창 고택 등을 방문하였다.

함양 문화유적답사 일정표

오전	점심	오후
• 함화루 • 함양척화비 • 함양상림(공원) • 문창후 신도비, 학사루	–	• 함양 석조여래좌상 • 일두 정여창 고택 • 광풍루, 군자정, 농월정 • 동호정, 거연정, 전 논개 묘역

④ 구례 문화유적답사

2009년 4월 25일에는 구례에서 문화유적답사를 가졌다. 우리나라 국립공원 제1호인 지리산과 섬진강을 낀 '3大 3美의 땅' 구례는 구한말 지식인으로서 나라를 구하지 못해 자결한 매천 황현, 보물이 많은 연곡사 등을 답사했으며 문화유산해설사가 동행하여 자세한 설명이 곁들어져 심도 깊은 답사가 진행되었다.

구례 문화유적답사 일정표

오전	점심	오후
• 김완 장군 유허비 • 윤문효공 신도비 및 석등 • 매천사(매천 황현 선생) • 자연생태학습장 • 장죽전 녹차시배지	12:00~ 13:00	• 사도리 삼층석탑, 석불좌상 • 운조루 • 구산리 입석 • 석주관성, 칠의사의 묘 • 연곡사

⑤ 순천 문화유적답사

2009년 5월 23일에는 순천에서 문화유적답사를 가졌다. 임진왜란을 마무리했던 노량해전의 격전지가 보이는 왜성을 비롯하여, 불교회화와 일반회화가 결합되어 꾸며진 김총영정, 세계 5대 연안 습지 중 하나인 순천만의 탐방도 함께 진행되었다.

순천 문화유적답사 일정표

오전	점심	오후
• 출발: 남구문예회관 앞(08:00) • 상호정(조선) • 창촌리 석불입상(고려) • 성황신 김총영정(조선) • 승주 평촌리 이팝나무(400년) • 망북정 유지비(조선), 팔마비(고려) • 옥천서원(조선)	12:00~ 13:00	• 임청대(조선) • 순천만 • 순천 검단산성(백제) • 충무사(조선) • 순천 왜성(조선) • 도착: 남구문예회관 앞(18:00)

⑥ 보성 문화유적답사

2009년 9월 26일에는 보성에서 문화유적답사를 가졌다. 보성의 특산품 삼베 재배지를 둘러보는 것을 시작으로 소설 『태백산맥』을 낳은 벌교 일대와 보성을 대표하는 조선후기의 가옥 등을 돌아보았다.

보성 문화유적답사 일정표

오전	점심	오후
• 출발: 남구문예회관 앞(08:00) • 보성삼베 견학 • 유신리 마애여래좌상 • 벌교 홍교 • 태백산맥 문학관	12:00~ 13:00	• 충절사(최대성 사우) • 이금재, 이용욱 가옥 • 열화정 • 해평 석장승 • 도착: 남구문예회관 앞(18:00)

⑦ 고창 문화유적답사

2009년 10월 24일에는 보성군 고창에서 문화유적답사를 가졌다. 세계문화유산으로 등재된 고창지석묘군과 조선 초기 서해안 방어를 위해 축조한 고창읍성 등 고창의 전통과 문화를 직접 확인할 수 있었다. 또한 고창 읍내를 탐방하는 시간도 가졌다.

고창 문화유적답사 일정표

오전	점심	오후
• 출발: 남구문예회관 앞(08:00) • 고창읍성 • 신재효 고택 • 고창 오거리 당산 • 고창지석묘군(세계문화유산)	12:00~ 13:00	• 흥성동헌 • 백관수 고택, 황윤석 생가 • 흥동 장학당 • 무장읍성 • 도착: 남구문예회관 앞(18:00)

⑧ 고흥 문화유적답사

2009년 11월 14일에는 고흥반도에서 유적답사를 가졌다. 우주선 발사대가 있는 고흥 나로도의 우주과학관을 비롯하여, 옛 읍성의 모습을 간직하고 있는 흥양현(고흥의 옛 이름)의 동헌(존심당)과 아문(1739년), 현판을 쓰는 데만 한 달이 걸렸다는 남휘루 등을 방문하였다.

고흥 문화유적답사 일정표

오전	점심	오후
• 출발: 남구문예회관 앞(08:00) • 송씨쌍충정려 • 용산리 석조보살입상, 무열사 • 존심당 및 아문, 홍교, 남휘루 • 고흥문화회관 천경자전시관	12:00~ 13:00	• 덕양서원 • 고흥 나로도 우주과학관 • 도착: 남구문예회관 앞(18:00)

⑨ 여수 문화유적답사

2010년 6월 26일에는 여수시에서 유적답사를 가졌다. 400여 년간 조선수군의 본거지였던 진남관을 비롯하여, 영취산 자락의 흥국사 등을 돌아보았다.

여수 문화유적답사 일정표

오전	점심	오후
• 출발: 남구문예회관 앞(08:00) • 흥국사(10:00) • 이충무공역사관(11:30)	12:30~ 13:30	• 진남관, 충민사(13:30) • 2012박람회홍보관(15:00) • 광주로 출발(16:00)

⑩ 남원 문화유적답사

2011년 10월 5일에는 남원시에서 문화유적답사를 가졌다. 사적으로 등록되어 있는 선원사와 만인의총, 만복사지와 중요무형문화재인 남원성, 황산대첩비지, 남원 서천리 당산과 종착지로 춘향과 이도령으로 유명한 광한루원과 춘향테마파크 등 남원의 문화유적지를 방문했다.

남원 문화유적답사 일정표

오전	점심	오후
• 출발: 남구문예회관 앞(08:00) • 남원시 관내 유적지답사 – 광한루원(09:00) – 만복사지(10:00) – 만인의총(11:00) – 남원 교룡산성, 선국사(12:00)	남원읍 내 (13:00)	• 남원시 외곽 유적지답사 – 남원 서천리 당산(14:30) – 황산대첩비지, 국악의 성지(15:00) – 실상사(16:00) • 남구문예회관 앞 도착(18:00)

⑪ 하동 문화유적답사

2011년 11월 4일에는 하동에서 문화유적답사를 가졌다. 천연기념물 제44호로 지정된 하동송림을 비롯하여 박경리 선생의 대하소설 『토지』의 무대로 유명한 최참판댁과 전라도와 경상도를 가로지르는 화개장터, 많은 보물을 보유하고 있는 쌍계사와 차문화센터, 그리고 평사리공원에서 개최하는 대봉감축제장 행사 등 하동의 여러 문화유적을 답사하였다.

하동 문화유적답사 일정표

오전	점심	오후
• 출발: 남구문예회관 앞(08:00) • 하동군 관내 유적지답사 – 하동송림(09:30) – 하동 최참판댁(10:30) – 화개장터(11:30)	화개장터 근처 (12:30)	• 하동군 외곽 유적지답사 – 하동 쌍계사(13:30) – 차문화센터(14:30) – 평사리공원 대봉감축제장 행사(15:30) • 남구문예회관 앞 도착(18:30)

⑫ 군산 문화유적답사

2012년 5월 3일에는 군산에서 문화유적답사를 가졌다. 일제강점기 일제의 수탈을 위한 출구로 이용되어 우리의 아픈 역사를 고스란히 간직하고 있는 군산에는 1899년 근대적 항구로 개항한 군산항 인근에 일제강점기시대의 유물이 고스란히 남아 있다.

군산 문화유적답사 일정표

오전	점심	오후
• 5층 석탑과 석등, 일본인 농장의 금고(10:00~10:30) • 이영춘 가옥(10:40~11:10) • 구암동 3·1운동 전시관(11:20~12:10)	12:00~13:00	• 내항의 뜬다리 부두(13:00~13:40) • 군산 근대역사박물관(13:40~14:40) • (구) 군산세관(14:40~15:00) • 신흥동 일본식 가옥(15:05~15:30) • 동국사(15:35~16:00)

⑬ 공주 문화유적답사

2012년 10월 31일에는 충청남도 공주시에서 답사를 가졌다. 백제문화가 숨쉬고 있는 역사와 문화의 도시이자 구석기시대와 신석기시대를 거쳐 원삼국시대에 이르는 선조들의 원형이 잘 보존되어 있는 공주는, 남쪽으로 금강이 흐르는 분지상에 입지한 백제의 옛 도읍지로서 백제문화의 중심지를 이루었을 뿐만 아니라 오늘날에도 서부 충청남도의 중심지 역할을 하고 있다.

공주 문화유적답사 일정표

오전	점심	오후
• 출발: 남구문예회관 앞(08:00) • 무령왕릉 안내소 도착(10:10) • 공주국립박물관 도착(11:10)	공산성 주변식당 (12:00)	• 공산성 도착(13:00) • 석장리박물관(14:10) • 남구문화예술회관 도착(17:30)

⑭ 부여 문화유적답사

2013년 4월 3일에는 부여에서 문화유적답사를 가졌다. 부여는 공주와 함께 백제문화의 흔적들이 집약적으로 남아 있는 곳으로 백제의 완성된 문화 모습을 보여주면서, 백제 붕괴의 아픔도 고스란히 가지고 있다. 백제 왕궁지와 수많은 불교유적, 왕릉유적, 그리고 부소산성과 궁남지 등을 방문했다.

▌부여 문화유적답시 일정표

오전	점심	오후
• 출발: 남구문예회관 앞(08:00) • 부소산성(낙화암, 고란사 포함) 매표소 도착(10:15)	12:00	• 부여국립박물관 도착(13:10) • 궁남지 도착(14:00) • 성흥산성(대조사) 도착(15:10) • 도착: 남구문예회관(17:50)

⑮ 강진 문화유적답사

2013년 7월 17일에는 강진에서 테마별 문화유적답사를 가졌다.

▌강진 문화유적답사 일정표

오전	점심	오후
• 출발: 남구문예회관 앞(08:00) • 강진군 관내답사: 무위사, 월남사지(월남사지 3층 석탑, 월남사지 진각국사비), 강진다원(10:00~12:00)	13:00	• 백련사 • 다산초당 • 고려청자박물관 • 도착: 남구문예회관 앞(18:00)

⑯ 진도 문화유적답사

2013년 10월 2일에는 진도군에서 유적답사를 가졌다. 고려 원종 11년(1270년) 고려가 몽고와 굴욕적인 강화를 맺고 개경환도를 하자, 이에 불복한 삼별초군이 남하하여 근거지로 삼았던 용장산성을 비롯하여 나절로미술관, 운림산방, 남도진성 등을 둘러보았다.

진도 문화유적답사 일정표

오전	점심	오후
• 출발: 남구문예회관 앞(09:00) • 진도군 관내 답사 - 이충무공 벽파진 전첩비 - 용장산성 - 운림산방 - 소치미술관(11:00~12:00)	12:00	• 신비의 바닷길 • 나절로미술관 • 남도진성 • 세방낙조전망대(13:00~16:00) • 도착: 남구문예회관 앞(18:00)

⑰ 통영 문화유적답사

2013년 11월 8일에는 경상남도 통영에서 유적답사를 가졌다. 경남 통영 한산도 앞바다에서는 1592년(선조 25년) 7월 8일 조선 수군이 일본 수군을 크게 무찌른 한산도대첩을 치렀다. 또한 한산도대첩은 진주대첩, 행주대첩과 함께 임진왜란 3대 대첩으로 불리며 역사유적지로서 많은 사람들이 방문하고 있으며, 청마문학관, 강구만 거북선 관광, 향토역사관, 세병관, 통영 충렬사 등을 탐방하였다.

통영 문화유적답사 일정표

오전	점심	오후
• 출발: 남구문예회관 앞(09:00) • 통영시 관내 답사 - 청마문학관 - 한산대첩기념공원(11:00~12:00)	12:00	• 강구만 거북선 관광 • 향토역사관, 세병관 • 통영 충렬사(13:00~16:00) • 도착: 남구문예회관 앞(18:00)

⑱ 합천 문화유적답사

2014년 11월 26일에는 합천 문화유적답사를 가졌다. 합천군 해인사와 영암사지를 방문하였다.

^ 합천 문화유적답사지 방문 모습

2.2 금당문화대학

2006년부터 이어져 온 금당문화대학은 지역주민들의 애향심을 고취시키고 역사문화자원을 활용한 인재양성 및 일자리 창출 기반조성을 위한 남구지역 중심의 역사문화강좌이다. 남구청의 지원을 받는 금당문화대학 강좌는 지역문화 계발 및 전통문화 선양사업을 통해 우리의 뿌리를 찾고, 전통문화에 대한 자긍심을 기를 수 있도록 전문가의 지도 아래 다양한 주제를 공부한다. 10주 동안 이어지는 강좌는 남구문화예술회관 공연장 3층 전통문화연구실에서 진행되며 광주시민 중 선착순으로 신청한 40~50명과 함께한다. 참여자에게는 강좌진행기간 동안 진행되는 문화유적답사에 우선참가기회가 주어지며, 강좌 수료 후에는 수료증이 발급된다(5기 70% 이상 수료 시, 이후 80% 이상 수료 시 발급). 참가신청은 광주광역시 남구문화원 사무국(전화: 062-671-7356, 팩스: 062-671-7358)에서 가능하다.

① 3기 금당문화대학

3기 금당문화대학은 2008년 8월 22일부터 11월 7일까지 매주 금요일 오후 2시에서 4시까지 총 10주 과정으로 이루어졌으며 무료로 진행되었다.

당시 시립미술관에서 전시 중인 바로크미술에 대해서도 들을 수 있도록 하여 광주·전남을 넘어 다양한 문화를 접할 수 있는 기회가 되도록 하였다. 세부교육일정은 다음과 같다.

3기 금당문화대학 세부교육일정

일시	주	강의명	강사명
8.22	1주	소쇄원 역사는 어떻게 기록되었을까	김덕진(광주교육대학교 교수)
8.29	2주	루벤스, 바로크 걸작선	채종기(시립미술관 학예연구실장)
9.5	3주	불교신앙의 이해	이계표(광주·전남 문화재위원)
9.19	4주	광주의 지명	김경수(향토지리연구소장)
9.26	5주	세계유산의 이해	김희태(전남도청 문화재전문위원)
10.10	6주	상례문화의 어제와 오늘	이종일(광주광역시 남구문화원장)
10.17	7주	효 사랑의 현대적 과제	경철(시인, 광주불교대학원장)
10.24	8주	광주·전남의 식품 이야기	박선홍(광주시 문화재위원)
10.31	9주	가사문학의 발생과 전개	김신중(전남대학교 교수)
11.7	10주	정율성의 생애와 활동	한규무(광주대학교 관광학부 교수)

② 4기 금당문화대학

4기 금당문화대학은 2009년 8월 21일부터 11월 13일까지 매주 금요일 오후 2시에서 4시까지 총 12주 과정으로 이루어졌으며 무료로 진행되었다.

광주·전남 선사시대의 거석문화부터 근현대문화를 아우르는 총체적인 역사문화에 대한 교육으로서 일반인의 전통문화에 대한 이해와 자긍심을 높이는 동시에 자기계발을 위해 배우고자 하는 지역민의 '내 고장 역사탐구'의 기회로 활용되었다. 세부교육일정은 다음과 같다.

4기 금당문화대학 세부교육일정

일시	주	강의명	강사명
8.21	1주	한국 성곽의 변천	김학휘(광주시 문화재전문위원)
8.28	2주	교육기관으로서의 서원·사우	김덕진(광주교육대학 교수)
9.4	3주	동계 향약의 형태	이종일(광주광역시 남구문화원장)
9.11	4주	금석문의 발달	김희태(전남 문화재전문위원)
9.18	5주	거석문화의 이해	이영문(목포대학교 교수)
9.25	6주	남도의 음식	주인택(광주시립민속박물관 학예실장)
10.9	7주	역·원·봉수의 역할	조광철(광주시립민속박물관 학예연구사)

10.16	8주	한국 정자건축의 이해	박익수(호남대학교 교수)
10.23	9주	마을지킴이(솟대・조탑・입석)	강현구(광주시 문화재위원)
10.30	10주	불교의 의례	이계표(전남대학 강사)
11.6	11주	근대문화와 양림동 선교사村	차종순(호남신학대학교 총장)
11.13	12주	불경의 이해	경철(시인, 광주불교대학원장)

③ 5기 금당문화대학

5기 금당문화대학은 2010년 8월 27일부터 10월 29일까지 매주 금요일 오후 2시에서 4시까지 총 10주 과정으로 이루어졌으며, 교재비 2만 원을 별도로 지불하는 방식으로 진행되었다. 세부교육일정은 다음과 같다.

5기 금당문화대학 세부교육일정

일시	주	강좌명	강사명
8.27	1주	숨을 쉬는 그릇, 옹기	주인택(광주시립민속박물관 학예실장)
9.3	2주	한옥의 의장과 구조	박익수(호남대학교 교수)
9.10	3주	남구에서 발견된 문화유산	이영문(목포대학교 교수)
9.17	4주	광주의 전설	조광철(광주시립민속박물관 학예연구사)
9.24	5주	호남시와 호남가	이종일(광주광역시 남구문화원장)
10.1	6주	매천 황현의 역사의식	이상식(전남대학교 명예교수)
10.8	7주	광주의 판소리	김동현(광주교육대학교 교수)
10.15	8주	매장문화재의 관리와 문제점	김학휘(광주시 문화재전문위원)
10.22	9주	당쟁과 광주사림	김덕진(광주교육대학 교수)
10.29	10주	불교문화의 단계적 이해	경철(시인, 광주불교대학원장)

④ 6기 금당문화대학

6기 금당문화대학은 2011년 8월 26일부터 10월 28일까지 매주 금요일 오후 2시에서 4시까지 총 10주 과정으로 이루어졌으며, 무료로 진행되었다. 세부교육일정은 다음과 같다.

▌6기 금당문화대학 세부교육일정

일시	주	강좌명	강사명
8.26	1주	광주의 역사와 남구의 역사(역사문화교육)	이종일(향토문화연구소장)
9.2	2주	선사시대의 문화유산과 남구	이영문(목포대학 교수)
9.9	3주	남구의 설화와 전설	서해숙(전남대학교 강사)
9.16	4주	포충사와 그 유물	김덕진(광주교육대학 교수)
9.23	5주	남구의 세시풍속	나경수(전남대학교 교수)
9.30	6주	남구출신 문학가의 삶과 문학 탐구	손광은(전남대학교 명예교수)
10.7	7주	남구소재 한옥 집중탐구 - 남구 한옥의 외관과 구조	박익수(호남대학교 교수)
10.14	8주	남구의 근대문화유산 - 남구의 기독교 건축	한규무(광주대학교 관광학부 교수)
10.21	9주	부용정과 양과동 향약의 인과관계	김일중(광주여자 대학교 교수)
10.28	10주	남구의 기독교문화	차종순(호남신학대학교 총장)

⑤ 7기 금당문화대학

7기 금당문화대학은 2012년 7월 27일부터 9월 28일까지 매주 금요일 오후 2시에서 4시까지 총 10주 과정으로 이루어졌으며, 무료로 진행되었다. 세부교육일정은 다음과 같다.

▌7기 금당문화대학 세부교육일정

일시	주	강좌명	강사명
7.27	1주	문화유산의 다각적 활용	김학휘(광주시 문화재전문위원)
8.3	2주	영산강의 조창	김경수(향토지리연구소장)
8.10	3주	왜 남도인이며 남도문화인가	노성태(국제고등학교 교사)
8.17	4주	정자와 선비문화	임형(고려고등학교 교사)
8.24	5주	광주의 성씨	김정호(전 진도문화원 원장)
8.31	6주	칠석동 민속놀이	나경수(전남대학교 교수)
9.7	7주	정율성에 대하여	이건상(전남일보 편집국장)
9.14	8주	조선시대 광주의 읍호(邑號), 승강	김덕진(광주교육대학교 교수)
9.21	9주	기제(씨족별로)	주인택(광주시립민속박물관 학예실장)
9.28	10주	상제(성씨별로)	이종일(향토문화연구소장)

⑥ 8기 금당문화대학

8기 금당문화대학은 2013년 9월 6일부터 11월 15일까지 매주 금요일 오후 3시에서 5시까지 총 10주 과정으로 이루어졌으며, 무료로 진행되었다. 세부 교육일정은 다음과 같다.

▌8기 금당문화대학 세부교육일정

일시	주	강좌명	강사명
9.6	1주	농악	김삼진(광주시립국악관현악단)
9.13	2주	고싸움놀이의 문화적 가치와 계승	나경수(전남대학교 교수)
9.27	3주	당산제	임형(고려고등학교 교사)
10.4	4주	연날리기	주인택(광주시립민속박물관 학예실장)
10.11	5주	광주의 성씨(光山李氏)	김정호(전 진도문화원 원장)
10.18	6주	광주의 읍지	이종일(향토문화연구소장)
10.25	7주	남구의 인물	한규무(광주대학교 교수)
11.1	8주	줄다리기	강현구(광주시 문화재전문위원)
11.8	9주	남도의 음식문화	유맹자(송원대학교 교수)
11.15	10주	광주 지리	김경수(향토지리연구소장)

⑦ 9기 금당문화대학

9기 금당문화대학은 2014년 9월 5일부터 11월 14일까지 매주 금요일 오후 3시에서 5시까지 총 10주 과정으로 이루어졌다. 세부교육일정은 다음과 같다.

▌9기 금당문화대학 세부교육일정

일시	주	강좌명	강사명
9.5	1주	광주의 역사와 문화원형(전통문화교육)	노성태
9.12	2주	문화자원의 감상과 그 활용	김학휘
9.19	3주	가곡 · 가사 · 시조	김동현
9.26	4주	유허비	김대현
10.10	5주	금석문 개요	이종일

10.17	6주	신도비	김희태
10.24	7주	선정비	김덕진
10.31	8주	불교비	이계표
11.7	9주	공적비	임형
11.14	10주	광주 역사현장의 쟁점	김경수

2.3 문화교실

매주 요일별로 단소·대금·장고·꽃꽂이·공예·사진·노래교실 등 다채로운 프로그램을 개설해 주민들의 참여를 도모하고 있다.

- 단소반: 매주 화, 목요일 오후 4~5시 전통문화연구실(공연장 3층)
- 대금반: 매주 화, 목요일 오후 4~5시 전통문화연구실(공연장 3층)
- 진도북춤: 매주 월요일 오후 1~3시 전통문화연구실(공연장 3층)
- 장고반
  - 초급반: 매주 수, 금요일 오전 10~11시 전통문화연구실(공연장 3층)
  - 중급반: 매주 수, 금요일 오전 11~12시 전통문화연구실(공연장 3층)
- 노래교실: 매주 월, 목요일 오후 1~3시 전통문화연구실(공연장 3층)
- 아코디언
  - 초급반: 매주 목요일 오전 10~12시 여성합창단실(1층)
  - 중급반: 매주 월요일 오전 10~12시 여성합창단실(1층)
- 난타
  - 초급반: 매주 화요일 오후 2~4시 전통문화연구실(공연장 3층)
  - 중급반: 매주 월, 목요일 오전 10~12시 전통문화연구실(공연장 3층)
- 우쿨렐레: 매주 화요일 오후 3~4시 여성합창단실(1층)
- 판소리: 매주 월요일 오후 4~6시 전통문화연구실(공연장 3층)

3 관련행사

3.1 'I Love Korea' 청소년 역사문화대장정

2005년 8·15 광복절기념행사로 청소년 역사문화대장정을 실시하였다. 전국경제인연합회의 후원으로 진행됐던 프로그램이며 광주에서 서울까지 가는 길의 역사 및 문화유적지를 순례하며 대한민국의 한 일원으로서의 정체성을 확립하고 애국심을 더욱 되새기는 계기를 마련하는 기회가 되었다.

3.2 생생문화여행

생생문화여행은 광주 남구가 대촌동을 배경으로 만든 문화여행코스이다.

2013년 생생문화여행 안내문

생생문화여행은 체험 '고싸움놀이 일일 캠프', '길 따라 문화 따라', '자전거 문화탐방', '향약문화의 뿌리를 찾아서', '21세기, 효에 길을 묻다', '소나무 숲길 걷기 체험' 등의 프로그램으로 구성되었으며 2013년 4월부터 프로그램을 운영하였다.

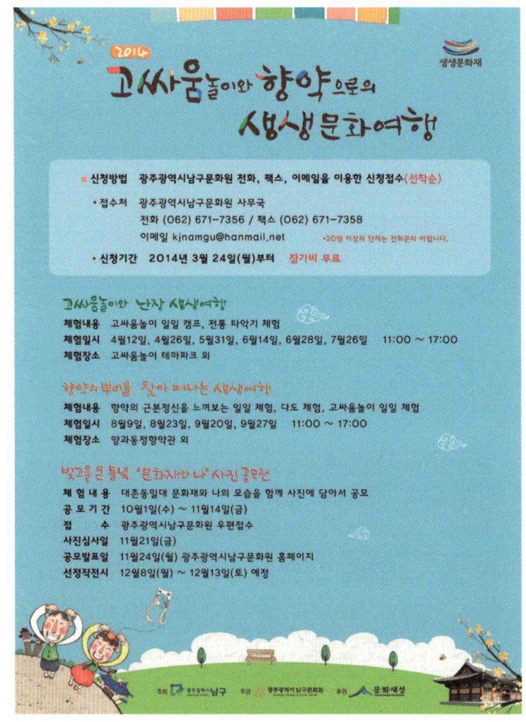

2014년 고싸움놀이와 향약으로의 생생문화여행

내용 및 사진출처

광주광역시 남구문화원 홈페이지
http://www.kjnamgu.co.kr
광주드림. 채정희. 광주시 7일 '2013 광주 문화원의 날' 행사 개최
http://www.gjdream.com/v2/news/view.html?news_type=201&uid=450164
대한민국 구석구석 행복여행. '광주 남구문화원'
http://korean.visitkorea.or.kr/kor/inut/where/where_main_search.jsp?cid=130392
지역정보포털. '광주광역시 남구문화원'
http://www.oneclick.or.kr/contents/nativecult/area07.jsp?cid=49106
헤럴드경제. 광주광역시 남구문화원, '향토·문화사랑' 일평생 헌신
http://news.heraldcorp.com/view.php?ud=20101124000991&md=20101201085822_BL

남도향토음식박물관(호남문화자료전시관)

주　　소 광주광역시 북구 설죽로 477(삼각동)
우편번호 61057
전　　화 062-575-8883, 8843
팩　　스 062-410-8429
홈페이지 http://www.namdofoodmuseum.go.kr

1 남도향토음식박물관(호남문화자료전시관)

2007년 2월 26일 개관한 남도향토음식박물관은 남도 하면 떠오르는 향토음식과 소리, 그리고 예로부터 고을마다 꿋꿋이 맥을 이어 오고 있는 아름다운 전통들을 지키고 이어 가기 위하여 설립되었다. 주민들의 숙원이던 남도향토음식박물관은 전통음식의 맥을 이어 가고 직접 음식을 만드는 체험을 제공하여 선인들의 탁월한 지혜를 배우고 익힐 수 있도록 하였다. 또한 전통음식강좌를 개설하여 옛 음식문화를 접할 수 있는 기회를 제공하며, 호남문화자료전시관을 동시에 운영하고 있다. 관람료는 무료이며, 관람시간은 평일과 주말을 가리지 않고 오전 9시~오후 6시까지이며 휴관은 공휴일에만 실시한다.

1층에 위치한 기획전시실은 향토음식과 관련한 다양한 기획전시와 문화예술분야의 각종 초대전을 개최하며, 대관도 가능하다. 남도향토음식박물관에서는 국내외 관광객들에게 남도의 향토음식과 호남문화에 대하여 수준 높은 해설과 양질의 안내서비스를 제공하고자 문화관광해설사를 배치·운영하고 있다. 문화관광해설사의 평일해설서비스를 이용하고 싶다면 서비스 이용 1주일 전에 남도향토음식박물관으로 문의하면 된다. 단체관람도 서비스 이용이 가능하며, 단체관람의 인원기준은 10인 이상이다. 문화관광해설사는 금, 토, 일요일 오전 10시~오후 5시까지 상시 근무한다.

2 주요 프로그램

2.1 전시

① 기획전시실

전시기간	전시명
2008. 1. 18~2008. 1. 25	'미지아모'전
2008. 1. 29~2008. 2. 9	'Teacher 미세스 말바우'전
2008. 2. 21~2008. 3. 9	김생수 한국전통 민화작품전
2008. 3. 13~2008. 3. 25	전남대학교 공예 동문전 '소통과 나눔'
2008. 3. 27~2008. 4. 8	호남대학교 풀이회 초대전
2008. 4. 10~2008. 4. 19	강진청자 '효광요' 작품전
2008. 4. 17~2008. 4. 30	예감회 초대전 '화전놀이전'
2008. 5. 7~2008. 5. 23	주먹밥(A Fist Rice)전
2008. 5. 27~2008. 6. 17	일송일매오류(一松一梅五柳)전
2008. 6. 18~2008. 6. 29	동・끼회 – 맛있는 식탁전
2008. 7. 1~2008. 7. 9	Memory Loading: The Battle of Desire
2008. 7. 11~2008. 7. 18	박희연 천연염색전 – '바람'전
2008. 7. 24~2008. 8. 8	시간속으로~고고씽 팡팡전
2008. 8. 14~2008. 8. 24	'탐라 – 전라'전
2008. 8. 26~2008. 9. 19	'한지의 멋을 찾아서'전
2008. 9. 23~2008. 9. 30	동상이몽(同牀異夢)전
2008. 10. 1~2008. 10. 07	'화가의 꿈'전
2008. 10. 9~2008. 10. 21	'도시락 속의 고기 두 마리'展
2008. 10. 23~2008. 10. 31	'광주・전남 도예가협회'전
2008. 11. 4~2008. 11. 9	제8회 '흙의 마음'전
2008. 11. 11~2008. 11. 16	아름다운 생활도자전
2008. 11. 26~2008. 11. 30	제5회 광주여류생활도예협회전
2008. 11. 26~2008. 11. 30	제10회 전남도립대학 도예산업디자인과 졸업작품전
2008. 12. 2~2008. 12. 9	제3회 '광주・전남 섬유조형회' 전

2008. 12. 12~2008. 12. 19	제1회 무지개 빛 수채화전
2008. 12. 23~2009. 1. 4	'제8기 광주전통공예문화학교' 졸업작품전
2009. 1. 6~2009. 1. 16	'흙이랑 불이랑' 회원전
2009. 1. 28~2009. 2. 5	남도향토음식박물관 소장 유물전
2009. 2. 10~2009. 2. 17	한국민화창작회전
2009. 2. 21~2009. 3. 13	제2회 위즐포토 사진전
2009. 4. 8~2009. 4. 28	'음식과 몸'전
2009. 5. 1~2009. 5. 10	신순미 도예전
2009. 5. 13~2009. 5. 19	최재덕 개인전
2009. 5. 20~2009. 5. 31	이학수 미력옹기전
2009. 6. 3~2009. 6. 12	정선휘 개인전
2009. 6. 24~2009. 6. 30	남도구전
2009. 7. 3~2009. 7. 12	'동 - Life'전
2009. 7. 15~2009. 7. 24	한경희 개인전
2009. 8. 12~2009. 8. 19	노은희 개인전
2009. 8. 26~2009. 9. 10	'쉼'전
2009. 9. 17~2009. 9. 30	임희진 개인전
2009. 10. 8~2009. 10. 14	남태윤 도예전
2009. 10. 15~2009. 10. 20	김주호 개인전
2009. 10. 21~2009. 10. 28	전남조각회전
2009. 10. 30~2009. 11. 5	박정녀 개인전
2009. 11. 10~2009. 11. 17	지호공예작품전
2009. 12. 22~2010. 1. 5	제9기 광주공예문화학교 졸업작품전
2010. 1. 7~2010. 1. 13	'흙이랑 불이랑' 도예 회원전
2010. 2. 3~2010. 2. 25	경인년 세화전
2010. 2. 26~2010. 3. 7	'글자로 전하는 흙과 붓 이야기'전
2010. 3. 10~2010. 3. 21	'노래 되어 흔들리는 풀꽃 그림'전
2010. 4. 13~2010. 4. 25	남도다기연구회 회원전
2010. 4. 28~2010. 5. 4	'흙의 마음'전
2010. 5. 6~2010. 5. 12	'흙으로 빚는 세상'전
2010. 5. 18~2010. 5. 28	남도향토음식박물관 소장유물전

2010. 6. 4~2010. 6. 9	김용문 '막사발과 지두문'전
2010. 6. 10~2010. 6. 17	박유자 개인전
2010. 6. 23~2010. 6. 30	호도회전
2010. 7. 1~2010. 7. 8	호남대학교 대학원 도자회전
2010. 7. 14~2010. 7. 29	미인도(味人圖)전
2010. 8. 19~2010. 8. 31	광주・전남 한지공예연구회 회원전
2010. 9. 3~2010. 9. 14	향토음식 사진작품전
2010. 9. 16~2010. 10. 15	'밥' – 오늘 기획전
2010. 10. 21~2010. 10. 29	전남조각회전
2010. 11. 23~2010. 11. 30	광주여류생활도예협회전
2010. 12. 10~2010. 12. 19	제11회 진월금속조형회전
2011. 2. 17~2011. 3. 4	'음식 보따리'전
2011. 3. 24~2011. 4. 22	그룹 새벽 초대전 '경계를 넘어서' 전시
2011. 4. 9~2011. 5. 13	채종기 기획전시
2011. 5. 20~2011. 6. 9	김순희 작가 '그릇 – 청자빛에 담다' 초대전
2011. 6. 16~2011. 6. 24	기획전시실 남도구전(도예전)
2011. 6. 29~2011. 7. 6	물・꿈빛 회원전
2011. 7. 21~2011. 8. 9	온고지신 – '삶 속에 민화, 전통의 향기를 담다'
2011. 8. 13~2011. 8. 24	제7회 광주・전남 사진동호회전
2011. 8. 26~2011. 9. 23	한국서예협회 광주광역시지회 초대전
2011. 9. 28~2011. 10. 2	빛고을 도시텃밭 사진전시회
2011. 10. 5~2011. 10. 11	윤영근 도예전
2011. 10. 21~2011. 10. 30	제8회 호남대학교 도자회전 전시
2011. 11. 2~2011. 11. 8	제8회 광주여류생활 도예 전시
2011. 11. 11~2011. 11. 22	'흙의 마음'전
2011. 11. 25~2011. 11. 30	제13회 전남도립대학 도예다도과 졸업작품전
2011. 12. 2~2011. 12. 7	제18회 전남조각회 작품전
2011. 12. 9~2011. 12. 18	소나무 단체 작품전
2011. 12. 22~2012. 1. 10	2011년 11기 광주전통공예문화학교 작품전시회
2012. 1. 13~2012. 1. 27	제1회 여우비 회원전
2012. 2. 9~2012. 2. 24	세화전(기획전시실)

2012. 2. 29~2012. 3. 30	메주와 붕어빵 이야기
2012. 4. 5~2012. 4. 18	[2012 기획전 03] 북향화전
2012. 11. 2~2012. 11. 14	제9회 광주여류생활 도예전
2012. 11. 16~2012. 11. 23	전남도립대학교 도예다도과 동문전
2012. 11. 29~2012. 12. 6	이기원 개인전 '아름다운 얼굴'전
2012. 12. 8~2012. 12. 18	'무추사'전
2012. 12. 21~2012. 12. 30	공예학교졸업작품전
2013. 1. 9~2013. 1. 15	'한국화 새로 그리다'전
2013. 1. 17~2013. 1. 23	강일호 개인전
2013. 1. 25~2013. 1. 31	'목마름'전
2013. 2. 20~2013. 3. 14	세화전(歲畵展)
2013. 3. 16~2013. 3. 26	강양원 개인전
2013. 5. 2~2013. 5. 22	황토 드로잉 20주년 기념전
2013. 6. 5~2013. 6. 11	이학수 미력옹기전
2013. 6. 19~2013. 6. 30	광주서예협회전
2013. 7. 3~2013. 7. 12	광주장애인 신인 및 중견작가전
2013. 7. 19~2013. 7. 31	김점수 개인전
2013. 8. 2~2013. 8. 20	전통 규방공예 작품전시('상상초월'전)
2013. 8. 23~2013. 8. 30	남도구전
2013. 9. 3~2013. 9. 8	서림 Artist전
2013. 9. 10~2013. 9. 24	'노래 되어 흔들리는 풀꽃 그림'전
2013. 9. 26~2013. 10. 13	'미리내'전
2013. 10. 16~2013. 10. 27	'대숲에서 봉황을 기다리네'전
2013. 10. 30~2013. 11. 6	제9회 전남도립대학교 도예가회
2013. 11. 8~2013. 11. 24	제10회 광주여류생활도예회원전
2013. 11. 27~2013. 12. 13	포토클럽 에이도스 창립 1주년 기념전
2014. 1. 9~2014. 1. 24	'무등산 동행'전 - 김재균, 김재복 2인전
2014. 1. 28~2014. 2. 26	세화전(새해를 여는 그림전) - 말 馬, 馬~馬
2014. 3. 1~2014. 3. 2	송뫼난우회 회원전
2014. 3. 5~2014. 3. 23	황진희의 아름다운 작업(Ⅱ)
2014. 3. 26~2014. 4. 6	한국여성공예가 6인전

2014. 4. 9~2014. 4. 16	김은경 '봄이야器'전
2014. 4. 18~2014. 4. 27	냠! 냠! 냠!
2014. 5. 2~2014. 5. 14	장석원 개인전 - 미술평론집 출간 기념
2014. 5. 16~2014. 5. 30	전라도 찻그릇 작가회 - 創立展
2014. 6. 10~2014. 6. 15	신앙의 발자취를 찾아서
2014. 6. 18~2014. 6. 29	백자기에 한국의 미를 담다
2014. 7. 3~2014. 7. 15	3人展 - 이야기를 담다
2014. 7. 17~2014. 8. 3	전통 채색화 '한빛회展'
2014. 8. 6~2014. 8. 12	同道之友전
2014. 8. 20~2014. 9. 3	한지의 멋을 찾아서 Ⅶ
2014. 8. 13~2014. 8. 17	Calligraphy 1st Exhibition - 혜민 스님의 글 중에서
2014. 9. 11~2014. 9. 26	Haru. K 초대전 - 미로가 된 전시장
2014. 10. 1~2014. 10. 12	영산강, 영산강, '고것 참 - 맛, 멋'
2014. 10. 15~2014. 10. 30	11회 호남대학교 대학원 도자회전
2014. 11. 5~2014. 11. 16	이학수의 '미력옹기'전
2014. 12. 3~2014. 12. 7	제1회 조규열 '옻칠과 나전의 만남'전
2014. 11. 18~2014. 11. 23	제16회 2014 전남도립대학교 도예차문화과 졸업작품전
2014. 11. 26~2014. 11. 30	무추사展 - 생활 속으로 찾아가는 새김전
2014. 12. 12~2014. 12. 14	광주·전남 향토음식 출판기념회 및 사진전시회
2015. 1. 14~2015. 1. 25	이화영 민화 기획전
2015. 1. 28~2015. 2. 6	전통 짜맞춤 가구, '木마름' 두 번째 회원전

② 남토향토음식전시실

남도향토음식전시실은 남도의 향토음식을 소개하는 상설전시실로서 향토음식의 개요, 남도의 향토음식, 민속주, 차(茶), 전통부엌, 오방색과 음양오행, 떡살, 다식판 및 타 지역의 향토음식, 향토음식의 계승·발전 등 약 40여 개의 그래픽패널, 영상물, 터치스크린, 관련유물 등을 통해 남도향토음식의 역사와 종류, 그 특성을 배우고 느낄 수 있는 교육학습장이다.

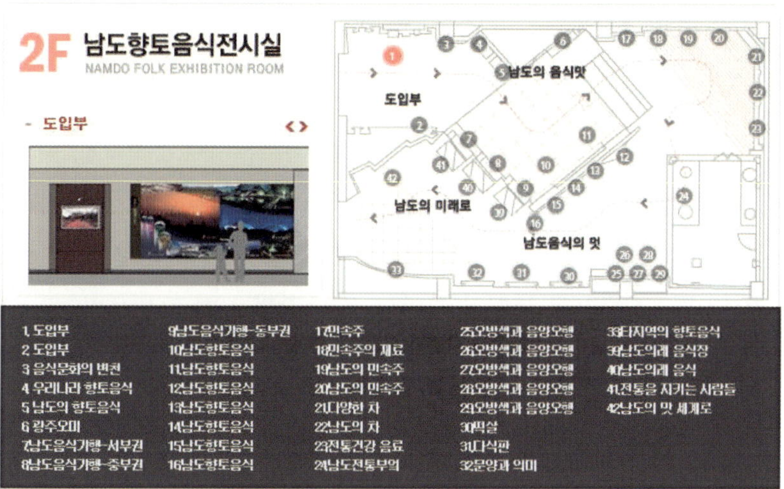

남도향토음식전시실 전시배치도

③ 호남문화자료전시관

호남문화자료전시관은 호남의 역사, 자연환경, 호남의 문학, 호남의 의로운 정신, 풍류와 멋의 호남, 북구의 문화유산 및 광주 8경 등을 각종 자료와 패널을 이용하여 전시하고 있다.

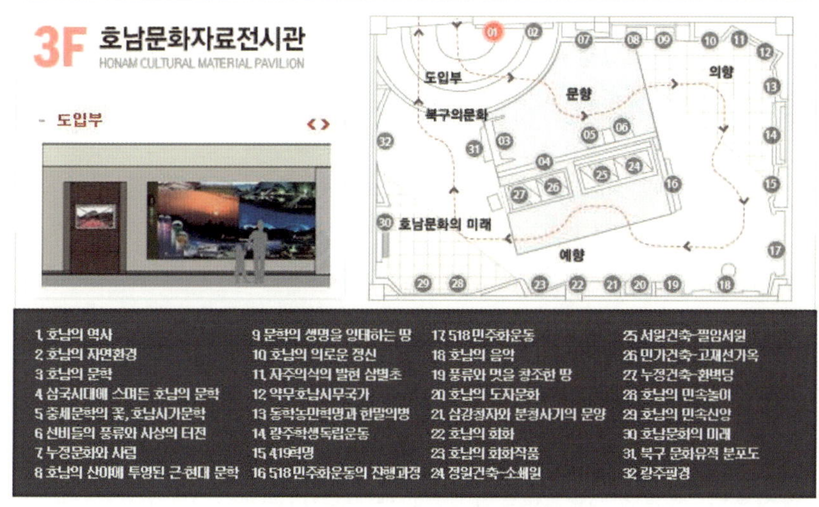

호남문화자료전시관 전시배치도

2.2 전통음식 강좌

남도향토음식박물관은 음식전문박물관으로서 전통음식 강좌 및 다양한 전통음식 체험 프로그램을 운영한다. 전통음식강좌로는 향토음식과정, 떡・한과과정, 폐백・이바지과정, 발효・저장음식과정이 있다. 폐백・이바지과정은 문어봉황오리기, 한과이바지, 곶감이바지, 해물이바지, 적이바지, 건과・정과이바지, 육포, 구절판 등 다양한 분야의 음식 강의를 하고 있으며, 떡・한과과정은 남도지역의 전통떡부터 요즘 각광받고 있는 떡케이크까지, 그리고 향토음식은 남도 각 지역의 대표적인 음식을 직접 만들어 볼 수 있다.

전통음식 강좌의 강의에는 광주시 무형문화재 남도의례음식장 제17호로 지정된 최영자, 이애섭 명인들이 직접 참여하고 있으며 그 밖에 전라도 전통음식보존연구회와 남도의례 전통음식보존연구회 회원들로 구성되어진 강사진으로부터 전문적이고 체계적인 강의를 들을 수 있다. 강의는 3~6월(상반기), 9~12월(하반기)에 이루어지며 2층 향토음식체험실에서 진행된다. 프로그램 수강료와 인원은 다음과 같으나 재료비는 별도이다. 참가신청은 홈페이지 예약 코너와 전화신청으로 가능하며 교육과정 종료 후 출석률이 70% 이상인 수강생에게 수료증 및 우수 수강생 표창을 수여한다.

전통음식 강좌 프로그램 수강료 안내

프로그램	수강료	모집인원
향토음식과정	120,000원	30명
떡・한과과정	120,000원	30명
폐백・이바지과정	120,000원	30명
발효・저장음식과정	120,000원	30명

① 향토음식과정

향토음식과정은 상반기(3~6월)와 하반기(9~12월)로 이루어지며, 각각 15주 과정으로 진행되었다. 세부일정 및 내용은 다음과 같다.

상반기 향토음식과정: 3~6월

강좌명	운영시간	강사명
향토음식과정	수(10:00~13:00)	오숙자

주	강의내용	강의형식
1	향토음식의 문화적 가치	이론
2	세시음식(약식, 쑥버무리, 두부선)	실습
3	탕과 조림(오리탕, 붕어조림, 애탕)	실습
4	죽과 나물(닭죽, 머위대나물, 팽이버섯나물)	실습
5	더덕열무김치	실습
6	찜(말린 명태찜, 돼지갈비찜)	실습
7	구이(황태찹쌀구이, 뱅어포구이)	실습
8	의례식품(홍어시육, 육포)	실습
9	부각(김, 참죽, 아카시아, 잰피잎), 고추장굴비장아찌	실습
10	죽순음식(죽순나물, 죽순잡채)	실습
11	구황음식(솔잎죽, 감자개떡, 칡국수)	실습
12	전골(모듬, 김치, 떡)	실습
13	축하음식(신선로, 칠전판)	실습
14	콩나물밥과 토란국	실습
15	수료식 및 작품전시회	전시참여

하반기 향토음식과정: 9~12월

강좌명	운영시간	강사명
향토음식과정	수(10:00~13:00)	이미자

주	강의내용	강의형식
1	남도향토음식이란	이론
2	청국장 비빔밥, 오이미역냉국	실습
3	낙지호롱, 양파새우전	실습
4	홍어회무침, 홍어찜	실습
5	토란탕과 파숙지	실습
6	추어탕, 상추겉절이	실습
7	톳고추장무침, 깻잎찜	실습
8	꼬막회무침, 김장아찌	실습

9	도라지생채, 풀치무침	실습
10	애호박 새우젓 나물, 전어양념구이	실습
11	두부 만들기, 콩비지전	실습
12	오리떡갈비, 더덕생채	실습
13	도토리묵 만들기, 도토리묵 무침	실습
14	닭장떡국, 무냉국	실습
15	수료식 및 작품전시회	전시참여

② 떡 · 한과과정

떡・한과과정은 상반기(3~6월)와 하반기(9~12월)로 이루어지며, 각각 15 주차로 진행되었다. 세부일정 및 내용은 다음과 같다.

상반기 떡 · 한과과정: 3~6월

강좌명	운영시간	강사명
떡・한과과정	목(10:00~13:00)	조유순

주	강의내용	강의형식
1	떡・한과 기초이론(유래와 계량법)	이론
2	설기떡(백설기 떡케이크, 콩설기)	실습
3	정과(금귤, 도라지)	실습
4	쑥버무리, 쑥개떡	실습
5	보리떡, 팥메찰시루떡	실습
6	진달래화전, 부꾸미	실습
7	엿강정(쌀, 깨), 오미자화채	실습
8	바람떡, 잎새말이떡	실습
9	두부과자, 약과	실습
10	꽃절편, 사탕절편, 구름떡	실습
11	백편, 약식(약밥), 단술(시연)	실습
12	다식(쌀, 콩, 진말), 팥양갱	실습
13	녹두메찰편, 단호박편	실습
14	쇠머리떡	실습
15	수료식 및 작품전시회	전시참여

하반기 떡 · 한과과정: 9~12월

강좌명	운영시간	강사명
떡 · 한과과정	목(10:00~13:00)	강태희

주	강의내용	강의형식
1	오리엔테이션 및 떡 · 한과이론	이론
2	백편, 꿀편, 승검초편	실습
3	삼색부꾸미, 단호박화전	실습
4	과일 떡케이크, 조각 떡케이크	실습
5	과일증편, 오디떡	실습
6	두텁 단자, 사과향 단자	실습
7	복분자 떡케이크, 떡아이스크림	실습
8	석탄병	실습
9	꽃송편, 모시잎송편	실습
10	구기자약떡, 유자약떡	실습
11	구름떡	실습
12	약과, 삼색매작과	실습
13	삼색쌀강정, 견과류강정	실습
14	정과(인삼, 연근, 우엉, 금귤)	실습
15	수료식 및 작품전시회	전시참여

③ 폐백 · 이바지과정

폐백 · 이바지과정은 상반기(3~6월)와 하반기(9~12월)로 이루어지며, 각각 15주차로 진행되었다. 세부일정 및 내용은 다음과 같다.

상반기 폐백 · 이바지과정: 3~6월

강좌명	운영시간	강사명
폐백 · 이바지과정	금(10:00~13:00)	최영자

주	강의내용	강의형식
1	혼례문화론	이론
2	오징어 꽃모반(장미, 국화, 매화)	실습

3	밤·대추고임	실습
4	곶감오림, 봉치떡	실습
5	육포 만들기, 고명하기	실습
6	한과 이바지(쌀엿강정, 깨엿강정)	실습
7	한과 이바지(인삼·연근·도라지·우엉정과)	실습
8	떡 이바지(절편, 인절미, 부꾸미)	실습
9	전 이바지(육전, 어전, 표고전)	실습
10	부각 이바지(김, 고추, 깻잎)	실습
11	한지 폐백닭	실습
12	오징어 폐백닭	실습
13	구절판	실습
14	수박꽃 오리기	실습
15	수료식 및 작품전시회	전시참여

하반기 폐백·이바지과정: 9~12월

강좌명	운영시간	강사명
폐백·이바지과정	금(10:00~13:00)	이애섭

주	강의내용	강의형식
1	전통폐백과 이바지에 대한 이해	이론
2	밤, 대추고임	실습
3	곶감오림	실습
4	오징어 꽃 모반	실습
5	원앙 폐백 시작(꼬리, 몸통 오리기)	실습
6	원앙 폐백 완성하기	실습
7	계절 정과	실습
8	육포와 부각	실습
9	육포 꽃과 부각 마무리	실습
10	약과와 매작	실습
11	깨엿강정	실습
12	화전과 부꾸미	실습
13	다식(검정깨, 쌀)	실습
14	구절판	실습
15	수료식 및 작품전시회	전시참여

④ 발효 · 저장음식과정

발효・저장음식과정은 상반기(3~6월)와 하반기(9~12월)로 이루어지며, 각각 15주차로 진행되었다. 세부일정 및 내용은 다음과 같다.

상반기 발효 · 저장음식과정: 3~6월

강좌명	운영시간	강사명
발효・저장음식과정	화(10:00~13:00)	김봉화

주	강의내용	강의형식
1	고추장 메줏가루, 메주 만들기	이론
2	엿기름 기르기, 간장 담그기	실습
3	고추장, 된장 담그기	실습
4	청국장 만들기	실습
5	깻묵장	실습
6	묵덕장, 담북장	실습
7	집장	실습
8	장아찌 제조(5월에 나오는 나물 및 채소)	실습
9	장아찌(매실, 죽순, 소엽)	실습
10	장아찌(참외, 수박)	실습
11	장아찌(양파, 마늘)	실습
12	장아찌(고추잎, 민들레)	실습
13	장아찌(고사리, 시래기)	실습
14	장아찌(밤, 김, 무)	실습
15	수료식 및 작품전시회	전시참여

하반기 발효 · 저장음식과정: 9~12월

강좌명	운영시간	강사명
발효・저장음식과정	화(10:00~13:00)	곽은주

주	강의내용	강의형식
1	오리엔테이션 및 발효・저장식품이론	이론
2	장아찌(새송이버섯, 양파)	실습
3	장아찌(김, 양념말이 깻잎)	실습

4	김치(홍갓물김치, 파프리카 백김치)	실습
5	고추장(고추장, 마늘)	실습
6	장아찌(고사리, 냉이)	실습
7	장아찌(연근치자, 매운 고추)	실습
8	초절임(쌈무, 오이)	실습
9	김치(풋고추열무김치, 상추불뚝김치)	실습
10	된장(즉석저염쌈장, 견과류된장)	실습
11	식혜(단호박, 도라지)	실습
12	장아찌(두릅, 매실청)	실습
13	장아찌(가지, 곰취)	실습
14	김치(배추, 알타리)	실습
15	수료식 및 작품전시회	전시참여

2.3 전통음식 체험 프로그램

① 조물조물 전통음식 어린이 체험

전통음식을 직접 체험하고 맛보게 함으로써 우리 음식의 소중함을 일깨워 주는 프로그램이다.

- 시간: 매주 화~금요일(10 : 00~12 : 00)
- 장소: 박물관(2층) 어린이체험실
- 대상: 어린이집, 유치원, 초등학교 등 20명 이상 단체
- 체험비: 1인 4,000원(체험일 2일 전까지 계좌입금)
- 준비물: 담아갈 수 있는 그릇(비닐팩 등)
- 예약: 062-575-8843(예약전용전화)

※ 상반기(2~6월) 접수는 1월 20일부터, 하반기(7~12월) 접수는 6월 2

일부터

- 체험예약 취소 및 인원 변경: 체험일 2일 전까지, 불참 및 당일에 취소·연락두절 시 체험비 환불 불가

조물조물 진통음식 어린이 체험 프로그램 목록

월	주	날짜	주제	예약 접수
2월	1주, 2주	3~13일	고구마경단	상반기 예약 1월 20일부터 선착순 접수
	3주, 4주	17~27일	주먹밥	
3월	1주, 2주	3~13일	인절미말이	
	3주, 4주, 5주	17~31일	삼색경단	
4월	1주, 2주	1~10일	쑥개떡	
	3주, 4주, 5주	14~30일	절편	
5월	1주, 2주, 3주	1~15일	고치떡	
	4주, 5주	19~29일	바람떡	
6월	1주, 2주	2~12일	꼬리떡	
	3주, 4주, 5주	16~30일	감자떡	
7월	1주, 2주	1~10일	사탕떡	하반기 예약 6월 2일부터 선착순 접수
	3주, 4주, 5주	14~31일	색동고리떡	
8월	1주, 2주	4~14일	원소병	
	3주, 4주	18~28일	꽃절편	
9월	1주, 2주	1~11일	송편	
	3주, 4주, 5주	15~30일	송편	
10월	1주, 2주, 3주	1~16일	과일병	
	4주, 5주	20~30일	쌈떡	
11월	1주, 2주	3~13일	율란	
	3주, 4주	17~27일	삼색방울강정	
12월	1주, 2주	1~11일	찰말이떡	
	3주, 4주, 5주	15~31일	고구마경단	

② 함께하는 전통음식 체험

일반성인, 장애인, 이주여성 등을 대상으로 전통음식을 체험할 수 있는 프로그램이다.

- 시간: 매주 화~금요일(14 : 00~16 : 00)
- 장소: 박물관(2층) 향토음식체험실
- 대상: 일반성인, 장애인, 이주여성 등 20명 이상 단체
- 체험비: 1인 6,000~11,000원(프로그램 참고)
- 준비물: 담아갈 수 있는 그릇(비닐팩 등)
- 납부: 체험일 2일 전까지 계좌입금(체험취소 시 전화연락 바람)
- 예약: 062-575-8843(예약전용전화)
  ※ 체험일 최소 1주일 전까지 예약가능
  ※ 상반기(2~6월) 접수는 1월 20일부터, 하반기(7~12월) 접수는 6월 2일부터
- 체험예약 취소 및 인원 변경: 체험일 2일 전까지
  ※ 불참 및 당일에 취소·연락두절 시 체험비 환불 불가

함께하는 전통음식 체험 프로그램 목록

구분	체험내용	참가비
떡류	절편, 화전, 삼색부꾸미, 삼색경단, 꽃송편	6,000원
	깨찰편, 단호박인절미떡케이크 (딸기, 포도, 단호박, 고구마, 코코아)	11,000원
한과류	삼색강정, 삼색매작과	6,000원
	깨강정, 호두강정, 편강	11,000원
반찬류	오이소박이, 양파김치, 우엉잡채, 장떡, 코다리조림, 멸치견과류볶음, 장조림, 오이선	6,000원

국, 탕류	청국장, 미역국	6,000원
	육개장, 우엉들깨탕, 찜닭	11,000원
밥, 죽류	누드김밥, 비빔밥	6,000원
	약식, 잡채, 떡잡채, 동지죽, 궁중떡볶이	11,000원

③ 이야기가 있는 주말 체험

주말을 이용한 가족 중심의 전통음식 만들기 체험을 할 수 있는 프로그램이다.

- 시간: 매주 토, 일요일(14 : 00 ~ 16 : 00)
- 장소: 박물관(2층) 향토음식체험실
- 대상: 체험희망자 40명 모집
  ※ 14세 이하 보호자 동반, 체험자 이외에는 체험실 입장 불가
- 체험비: 1조(3인 기준) 예약가능, 1인 추가 시 5,000원
- 준비물: 체험내용에 맞는 담아갈 그릇(비닐팩) 준비
- 납부: 체험 4일 전 문자발송, 계좌입금 또는 현금납부
  ※ 체험취소는 반드시 전화연락
- 예약: 062-575-8843(예약전용전화)
- 체험예약 취소 및 인원 변경: 체험일 2일 전까지
  ※ 당일 불참 · 취소 및 연락두절 시 체험비 환불 불가
  ※ 체험인원 20명 미만일 경우 체험이 취소될 수 있다.

이야기가 있는 주말 체험 프로그램 목록

프로그램명	강사
알콩달콩 함께 해요	김봉순
음식으로 만나는 세시풍속	나민안
도시락에 담은 우리 가족 이야기	박희연
할머니가 들려주시는 옛날 음식 이야기	김인순
꼬물꼬물 손과 마음이 즐거운 가족 요리 체험	김혜옥

이야기가 있는 주말 체험 프로그램 전체일정

월	주 (토, 일)	예약신청	주제	체험내용
2	1주	1월 20일~	단호박 떡케이크	단호박을 이용한 떡케이크
	2주	1월 20일~	떡꼬치	가래떡, 소시지, 메추리알을 이용한 요리
	3주	2월 3일~	견과류 쌀엿강정	쌀튀밥과 견과류를 섞어 강정 만들기
3	1주	2월 17일~	고소미 떡케이크	견과류, 우유, 버터를 이용한 떡케이크
	2주	2월 17일~	과일떡	딸기, 방울토마토를 이용한 떡
	3주	3월 3일~	노비송편	동부소를 넣어 만든 송편
	4주	3월 3일~	무지개 떡케이크	3색으로 떡케이크 만들기
4	1주	3월 17일~	쑥개떡	쑥반죽, 강낭콩을 이용한 떡
	2주	3월 17일~	부꾸미	찹쌀반죽을 3색 내어 소 넣고 팬에 굽기
	3주	4월 1일~	딸기 떡케이크	생딸기로 만들어 보는 떡케이크
	4주	4월 1일~	가족사랑표 도시락	우리 가족만의 사랑표현 도시락
5	1주	4월 16일~	나에게 보내는 도시락	나에게 편지를 써서 도시락과 함께
	2주	4월 16일~	바람떡	팥앙금을 넣어 만든 반달 모양 떡
	3주	5월 1일~	찹쌀도넛	찹쌀반죽에 앙금을 넣고 튀겨내는 도넛

	4주	5월 1일~	영양보리떡	발효시킨 반죽에 견과류 등을 넣고 만든 떡
	5주	5월 1일~	바나나떡	견과류, 바나나를 이용한 미니컵 떡
6	1주	5월 19일~	식빵피자	식빵을 이용해 피자 만들기
	2주	5월 19일~	시골표 소풍도시락	토란잎을 이용한 도시락 만들기
	3주	6월 2일~	꽃절편	둥근 모양의 절편
	4주	6월 2일~	화전	찹쌀가루와 꽃으로 전 만들기
7	1주	6월 16일~	두부 스테이크	두부, 버섯, 양파 등으로 스테이크 만들기
	2주	6월 16일~	된장채소 냉채	닭가슴살, 야채 등, 된장소스를 곁들인 냉채
	3주	7월 1일~	김말이춘권	당면, 김, 춘권피로 튀겨내는 요리
	4주	7월 1일~	상화병	반죽하여 팥소를 넣어 발효시켜 쪄서 만든다.
8	1주	7월 16일~	삼색경단	찹쌀반죽하여 끓는 물에 익혀 고물을 묻힌다.
	2주	7월 16일~	잡과병	밤, 대추, 곶감, 호두 등을 이용해 쪄서 만든다.
	3주	8월 4일~	밀전병	나물을 볶아 전병에 싸서 만드는 요리
	4주	8월 4일~	궁중떡볶이	야채, 떡을 볶아서 만드는 떡볶이
	5주	8월 4일~	김크림 연근칩	튀긴 연근에 김크림가루를 묻힌다.
9	1주	8월 18일~	찹쌀떡	찹쌀떡 속에 팥앙금을 넣어 만든다.
	2주	8월 18일~	찹쌀씨앗 전병	땅콩, 호박씨, 해바라기씨를 다져 전병소스를 만든다.
	3주	9월 1일~	송편	깨, 설탕을 넣어 송편 만들기
10	1주	9월 16일~	곤드레밥	곤드레로 밥 짓기
	2주	9월 16일~	오방색 비빔밥	오방색나물을 이용한 비빔밥 만들기
	3주	10월 1일~	매작과	밀가루 반죽으로 얇게 밀어 칼집을 넣고 튀겨내기
	4주	10월 1일~	단호박찜 미니케이크	단호박을 이용하여 컵케이크 만들기
	5주	10월 1일~	시래기전	몸에 좋은 시래기를 이용한 전

11	1주	10월 16일~	감자 크로켓밥	삶은 감자, 밥을 달걀, 빵가루에 묻혀 튀겨내기
	2주	10월 6일~	사과 떡케이크	사과를 잘라 넣는 떡케이크
	3주	11월 3일~	물호박 시루떡	물호박으로 시루떡 만들기
	4주	11월 3일~	단호박전	단호박을 갈아서 전을 부친다.
12	1주	11월 17일~	두부과자	두부로 과자 만들기
	2주	11월 17일~	코코아 떡케이크	견과류, 초코칩, 코코아가루로 만드는 떡케이크
	3주	12월 1일~	동지죽	새알 동동 동지죽
	4주	12월 1일~	보슬단자	찹쌀반죽에 소를 넣고 익혀 카스테라 고물을 묻힌다.

▌세부 프로그램별 일정 – 알콩달콩 함께 해요(강사: 김봉순)

월	체험날짜		주제	체험내용
	토	일		
3	28일	29일	무지개 떡케이크	3색으로 떡케이크 만들기
5	16일	17일	찹쌀도넛	찹쌀반죽에 앙금을 넣고 튀겨내는 도넛
7	18일	19일	김말이춘권	당면, 김, 춘권피로 튀겨내는 요리
8	1일	2일	삼색경단	찹쌀반죽하여 끓는 물에 익혀 고물을 묻힌다.
9	12일	13일	찹쌀씨앗 전병	땅콩, 호박씨, 해바라기씨를 다져 전병소스를 만든다.
10	17일	18일	매작과	밀가루 반죽으로 얇게 밀어 칼집을 넣고 튀겨내기
11	14일	15일	사과떡케이크	사과를 잘라 넣는 떡케이크
12	5일	6일	두부과자	두부로 과자 만들기
12	26일	27일	보슬단자	찹쌀반죽에 소를 넣고 익혀 카스테라 고물을 묻힌다.

세부 프로그램별 일정 - 음식으로 만나는 세시풍속(강사: 나민안)

월	체험날짜		주제	체험내용
	토	일		
2, 3	28일	1일	견과류 쌀엿강정	쌀튀밥과 견과류를 섞어 강정 만들기
3	21일	22일	노비송편	동부소를 넣어 만든 송편
4	4일	5일	쑥개떡	쑥반죽, 강낭콩을 이용한 떡
6	20일	21일	꽃절편	둥근 모양의 절편
7	25일	26일	상화병	반죽하여 팥소를 넣어 발효시켜 쪄서 만든다.
8	15일	16일	밀전병	나물을 볶아 전병에 싸서 만드는 요리
9	19일	20일	송편	깨, 설탕을 넣어 송편 만들기
11	14일	15일	물호박시루떡	물호박으로 시루떡 만들기
12	19일	20일	동지죽	새알 동동 동지죽

세부 프로그램별 일정 - 도시락에 담은 우리 가족 이야기(강사: 박희연)

월	체험날짜		주제	체험내용
	토	일		
4	25일	26일	가족사랑표 도시락	우리 가족만의 사랑표현 도시락
5	2일	3일	나에게 보내는 도시락	나에게 편지를 써서 도시락과 함께
6	6일	7일	식빵피자	식빵을 이용해 피자 만들기
	13일	14일	시골표 소풍도시락	토란잎을 이용한 도시락 만들기
7	4일	11일	두부스테이크	두부, 버섯, 양파 등으로 스테이크 만들기
	5일	12일	된장채소냉채	닭가슴살, 야채 등, 된장소스를 곁들인 냉채
10	3일	4일	곤드레밥	곤드레로 밥 짓기
	10일	11일	오방색 비빔밥	오방색나물을 이용한 비빔밥 만들기
10, 11	31일	1일	시래기전	몸에 좋은 시래기를 이용한 전

▍세부 프로그램별 일정 – 할머니가 들려주시는 옛날 음식 이야기(강사: 김인순)

월	체험날짜		주제	체험내용
	토	일		
2	7일	8일	단호박떡케이크	단호박을 이용한 떡케이크
3	7일	8일	고소미떡케이크	견과류, 우유, 버터를 이용한 떡케이크
4	11일	12일	부꾸미	찹쌀반죽을 3색 내어 소 넣고 팬에 굽기
5	9일	10일	바람떡	팥앙금을 넣어 만든 반달 모양 떡
6	27일	28일	화전	찹쌀가루와 꽃으로 전 만들기
8	22일	23일	궁중떡볶이	야채, 떡을 볶아서 만드는 떡볶이
9	5일	6일	찹쌀떡	찹쌀떡 속에 팥앙금을 넣어 만든다.
10	24일	25일	단호박찜미니케이크	단호박을 이용하여 컵케이크 만들기
11	7일	8일	감자크로켓밥	삶은 감자, 밥을 달걀, 빵가루에 묻혀 튀겨내기

▍세부 프로그램별 일정 – 꼬물꼬물 손과 마음이 즐거운 가족 요리 체험(강사: 김혜옥)

월	체험날짜		주제	체험 내용
	토	일		
2	14일	15일	떡꼬치	가래떡, 소시지, 메추리알을 이용한 요리
3	14일	15일	과일떡	딸기, 방울토마토를 이용한 떡
4	18일	19일	딸기떡케이크	생딸기로 만들어 보는 떡케이크
5	23일	24일	영양보리떡	발효시킨 반죽에 견과류 등을 넣고 만든 떡
	30일	31일	바나나떡	견과류, 바나나를 이용한 미니컵 떡
8	8일	9일	잡과병	밤, 대추, 곶감, 호두 등을 이용해 쪄서 만든 떡
	29일	30일	김크림연근칩	튀긴 연근에 김크림가루를 묻힌 요리
11	28일	29일	단호박전	단호박을 갈아서 부친 전
12	12일	13일	코코아떡케이크	견과류, 초코칩, 코코아가루로 만드는 떡케이크

3 시설 현황

박물관 건물은 떡 모양을 만드는 데 사용하는 다식판의 길쭉한 사각형 모양과 광주의 상징인 무등산 입석대의 모습으로 디자인되었다. 또한 오방색(청색, 백색, 적색, 흑색, 황색)으로 건물 벽면을 장식하였으며, 오방색은 방위, 계절, 장기, 맛, 감정, 사상 등을 의미하고 있다.

남도향토음식박물관의 외부 전경

남도향토음식박물관 층별 시설안내

층	시설			
1	기획전시실(188.4m^2)	학예연구실	수장고	뮤지엄샵(52.9m^2)
2	남도향토음식상설전시실(158.7m^2)	뮤지엄스튜디오(112.4m^2)	어린이체험실(99.2m^2)	향토음식체험실(145.5m^2)
3	호남문화자료전시관(135.5m^2)		세미나실(145.5m^2)	사무실(75.9m^2)

남도향토음식박물관 전시관별 안내

전시관 전경	전시관	안내
	기획전시실(1층, 188.4m^2)	향토음식과 관련한 다양한 기획전시와 문화예술분야의 각종 초대전을 개최하며, 대관도 병행하여 갖가지 볼거리를 제공하고 있다.

시설	설명
 뮤지엄샵 (1층, 52.9m^2)	1층 로비에 위치한 뮤지엄샵은 전통주, 한과, 녹차, 옹기, 김 등 지역의 특산품은 물론 저렴한 기념품과 공예품까지 다양한 상품을 진열·판매하는 공간이다.
 남도향토음식 상설전시실 (2층, 158.7m^2)	남도지방의 향토음식을 소개하는 상설전시실로서 그래픽패널, 영상물, 터치스크린, 관련유물 등을 통해 남도향토음식의 역사와 종류, 그 특성 등을 배우고 느낄 수 있다.
 뮤지엄 스튜디오 (2층, 112.4m^2)	박물관의 시설물 안내는 물론 각종 홍보영상물 등을 볼 수 있으며, 향토음식체험실의 프로그램과 연계, 각종 프로그램의 운영 및 강의·음식시연장으로 활용된다.
 어린이체험실 (2층, 99.2m^2)	전통음식을 체험할 수 있는 시설이 갖추어져 있으며, 유치원생 및 초등학생들의 전통음식 체험장으로 직접 음식을 만들어 보고 시식할 수 있는 공간이다.
 향토음식 체험실 (2층, 145.5m^2)	폐백·이바지, 떡·한과, 향토음식 등 전통음식 강좌의 상설강좌가 진행되며, 일반인 및 관광객 대상 체험 프로그램을 운영하며 남도지방의 향토음식의 맥을 잇고 있는 전라도 및 남도의례전통음식보존연구회 회원 강사들의 체계적인 강좌를 들을 수 있다.
 호남문화자료 전시관 (3층, 135.5m^2)	호남문화의 문향, 의향, 예향을 개관할 수 있는 상설전시관으로 그래픽패널, 영상물, 터치스크린, 관련유물 등을 통해 남도지방의 문학, 역사, 건축, 미술문화 등을 공부할 수 있는 교육학습장이다.
 세미나실 (3층, 145.5m^2)	향토음식 및 호남문화, 문화예술분야 등의 각종 전문강좌 및 회의장소로도 이용할 수 있는 공간이다.

남도향토음식박물관 홈페이지
http://www.namdofoodmuseum.go.kr

완주향토예술문화회관

주　　소 전라북도 완주군 용진면 지암로 61
우편번호 55352
전　　화 063- 290-2610
팩　　스 063-290-2626
홈페이지 http://culture.wanju.go.kr

2001년 10월 23일 문을 연 완주향토문화예술회관은 좌석 220석(일반 218석, 장애인 2석)의 소규모 무대로 1층 문화키움터, 2층 공연장, 3층 음향실로 구성되어 있다. 소규모 문화예술활동이 주로 이루어지고 있으며, 대관이 가능하다. 사용 1개월 전에 전화 예약 후, 대여일 7일 이전에 관리사무실을 방문하여 사용 신청서 작성과 사용료 납부를 완료해야 한다. 월요일부터 토요일 오전 9시부터 오후 10시까지 이용이 가능하며, 일요일은 오전 9시부터 오후 5시까지 운영한다. 법정공휴일은 휴관한다.

완주향토예술문화회관 기본시설 사용료 (단위: 원)

시설명	시간	평일(주중)	공휴일(토·일요일)	비 고
공연장	오전	50,000	60,000	※ 예행연습 시 해당 금액의 1/2
	오후	60,000	72,000	
	야간	70,000	84,000	

완주향토예술문화회관 부속시설 사용료 (단위: 원)

구분	기준	사용료	비고
조명	1회	30,000	
음향·마이크(2)	1회	10,000	※ 마이크 추가 시(1대당 5,000원)
피아노	1회	10,000	
냉·난방료	1회	70,000	

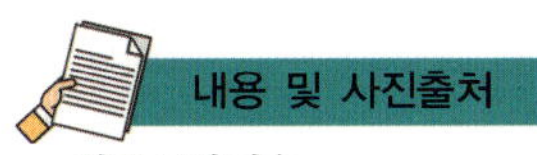

완주문화예술
http://culture.wanju.go.kr

제천학생회관 향토교육민속사료관

주 소 충청북도 제천시 청전대로 1길 7 제천학생회관(청전동)
우편번호 27154
전 화 043-647-8588
팩 스 043-646-8588
홈페이지 http://www.jcsh.go.kr

1 제천학생회관 향토교육민속사료관

충청북도 제천학생회관은 1997년 개관해 2003년 디지털 자료실을 개설하였고, 2003년 충북교육청에 의해 제천 평생학습관으로 지정되었다. 대표적인 사업으로는 자녀독서지도 및 치료교육, 고색한지공예 등의 평생교육강좌와 우리 단편문학 따라잡기, 한자구구단 등의 청소년강좌를 운영하고 있다. 그 외 다양한 독서행사 및 독서진흥운동 전개를 위해 체험학습, 독서퀴즈대회, 책 나누기, 권장도서목록 및 홍보자료 배부하기 등의 행사들을 진행하고 있다. 정기휴관일은 매월 둘째, 넷째주 월요일과 국경일, 공휴일이다. 이용시간은 오전 9시부터 오후 6시까지다.

2 시설 현황

전체 규모는 대지면적 17,684m^2, 건축면적 7,539m^{2}로, 지상 2층 건물이다. 주요 내부시설로는 열람실(232석), 평생교육실(190석), 체육관, 사무실 등이 있으며, 폐교자료를 전시하는 향토교육민속사료관이 있다.

3 소장자료 현황

학생회관 1층에 위치한 향토교육민속사료관은 우리 지역 향토자료와 조상들의 의식주생활을 알 수 있는 민속사료, 교육과정의 변천을 알 수 있는 교육사료 전시관으로 우리 전통문화의 우수성을 교육하고 계승하는 현장학습장으로 활용되고 있으며, 향토민속사료 600여 점과 교육사료 250여 점을 소장하고 있다.

그 외의 소장자료로는 일반도서로 총류 1,800여 권, 사회과학 6,500여 권, 문학 2만여 권을 보유하고 있다. 아동도서로는 자연과학 1,600여 권, 순수과학 2,700여 권, 아동문학 1만 1,000여 권과 디지털자료 2,800여 점을 구비하고 있다.

▌향토민속자료관 소장 현황

구분	현황		구분	현황	
선사유물	종	7	생업	종	64
	점수	10		점수	100
학술 · 도서	종	80	관혼상제	종	19
	점수	81		점수	37
의생활	종	27	세시풍속	종	18
	점수	61		점수	26
식생활	종	50	기타	종	70
	점수	129		점수	154
주생활	종	16	–		
	점수	31			
총계(종 / 점수)	351종 / 629점				

교육사료관 소장 현황

구분	현황	구분	현황
학교명패	13점	졸업장	2점
졸업앨범	30점	생활통지표	2점
표창장	14점	사진(졸업 등)	41점
행사자료집	20점	기타 자료	135점
총계(점)	257점		

네이버 기관단체사전. 제천학생회관
http://terms.naver.com/entry.nhn?docId=891580&cid=43143&categoryId=43143
제천학생회관 홈페이지
http://www.jcsh.go.kr

한국근대문학관

주　　소	인천광역시 중구 신포로 15번길 76
우편번호	22314
전　　화	032-455-7165
팩　　스	032-772-7193
홈페이지	http://lit.ifac.or.kr

한국근대문학관

한국근대문학관은 인천문화재단이 인천광역시와 함께 만든 전국 최초의 공공종합문학관이다. 한국근대문학관은 인천 개항장 주변에서 물건을 보관하던 창고건물들을 리모델링하여 조성되었다. 개항도시인 인천은 1883년 개항 이후 서구의 근대문화가 인천을 통해 집중적으로 들어왔다. 또한 항구도시로서 인천항을 통해 국내외의 물산이 나가고 들어와 인천 개항장 주변에는 물건을 보관하던 창고들이 1백 년 넘도록 남아 있었다. 이러한 건물을 인수하고 수리하여 인천의 개항장에 있는 창고건물에서 우리 근대문학을 만날 수 있도록 하였다.

한국근대문학관에서는 당시의 중요한 문학작품들을 직접 눈으로 확인할 수 있을 뿐만 아니라 다양한 형태로 한국의 근대문학을 체험할 수 있다. 한국근대문학의 성장을 주제로 한 상설전과 다양한 기획전시, 학생과 시민을 대상으로 한 문학 및 인문학 강좌의 개최, 한국근대문학관련 자료의 수집과 보존, AALA문학포럼 개최, 플랫폼(격월간 문화비평 웹진) 발간, 출판사업 등을 하고 있다.

매주 월요일과 법정공휴일 다음 날, 인천문화재단 대표이사가 정한 휴관일에 휴관하고 관람은 오전 10시에서 오후 6시까지 가능하다.

2 주요 프로그램 – 전시

2.1 상설전시

근대계몽기(1894~1910)에서 해방기(1945~1948)까지 한국근대문학의 형성과 역사적 흐름을 한눈에 볼 수 있도록 잡지 형태로 구성하였다.

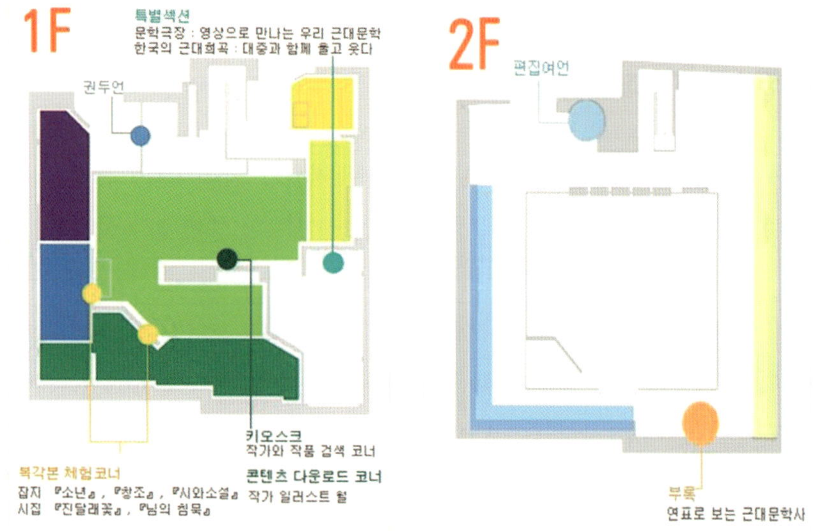

층별 상시전시 안내

① 1894~1910년

- 왕조의 몰락과 근대국가의 열망 속에서 신문학의 씨앗을 뿌리다
- 근대계몽기의 시(가): 문명개화와 자주독립의 열망을 노래하다
- 신소설과 역사전기물로 이야기의 새 장을 열다

② 1910~1919년

- 식민지 근대의 확장과 무단통치의 강화 속에서 근대문학이 출발하다
- 자유로운 리듬으로 개인의 정서를 노래하다

- 자아각성과 근대문명을 외쳤으나 식민지 현실과 유리되다

③ 1919~1925년

- 근대문학, 본격적 성장을 위한 토대를 현실에서 발견하다
- 청년시인들, 감성적 비애와 좌절을 토로하다
- 김소월과 한용운: 전통정서를 계승하고 사랑의 윤리를 호소하다
- 식민지 현실에 눈을 뜨고 근대소설의 기틀을 마련하다

④ 1925~1935년

- 근대문학, 리얼리즘과 모더니즘으로 식민지 현실에 맞서다
- 카프의 시와 소설: 식민지, 그리고 자본주의를 넘어서
- 농민의 애환과 농촌의 현실에 주목하다
- 모더니즘 소설과 시: 식민지 근대의 부조리를 문제삼다
- 근대문학, 본격 장편소설시대를 열다(이기영, 한설야, 강경애, 염상섭, 채만식)

⑤ 1935~1945년

- 일제 파시즘에 맞서 시대를 고뇌하다
- 생명을 추구하며 조선적인 것을 재발견하다
- 파시즘 아래에서 피어난 소설의 향연

⑥ 1945~1948년

- 해방의 감격을 노래하며 새로운 민족문학으로 부활하다

상시전시 – 특별 · 핫이슈 주제 안내

2.2 기획전시

한국근대문학관에서는 소장자료에 대한 연구, 문학과 타 장르(미술, 영화 등)와의 만남 등 문학과 인문학을 바탕으로 한 다양한 기획전시를 진행하고 있다.

① 한국문학, 근대를 그리다 – 미리 본 한국근대문학관

- 전시기간: 2010년 9월 14~24일
- 전시장소: 인천광역시립박물관
- 전시자료: 1900년부터 해방기까지 출판된 희귀 문학자료 150여 점
- 전시내용: 인천문화재단은 우리나라를 대표할 한국근대문학관을 개관하고자 2007년부터 관련자료를 수집해 왔다. 재단이 수집해 온 자료를 최초로 공개하는 자리로 한국근대문학관을 미리 볼 수 있도록 구성하였다. 근대에 출판된 희귀, 초판자료 150여 점을 소개하였다.
- 주최 및 후원: (재)인천문화재단 · 인천광역시립박물관

'한국문학, 근대를 그리다 – 미리 본 한국근대문학관' 포스터 및 전시

② 기형도 – 입 속의 검은 잎

- 전시기간: 2013년 9월 27일~10월 31일
- 전시장소: 한국근대문학관 기획전시실

- 전시내용: 세대와 기법을 아우르는 4명의 미술가(이종구, 리금홍, 차지량, 오재우)들이 참여하여 각자의 방식으로 기형도를 이해하고 이를 다시 고유한 이미지를 통해 표현했다. 이 4명의 작가들을 통해 기형도의 문학과 미술의 세계가 어떻게 통섭하는지를 확인할 수 있다.
- 주최 및 후원: 문학과지성사

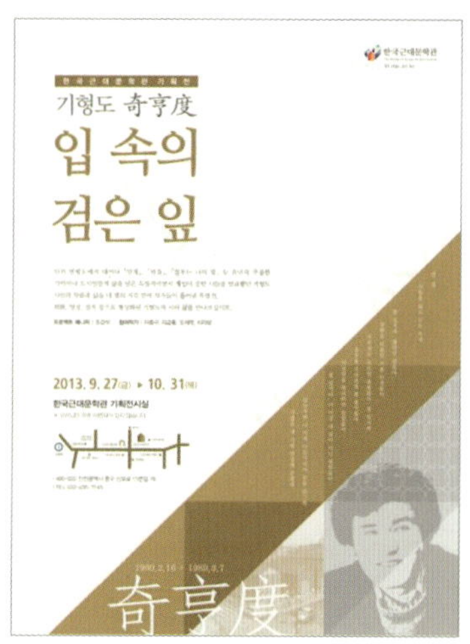

기형도 – '입 속의 검은 잎' 포스터 및 전시

③ 황순우 개인전 – 보물창고

- 전시기간: 2013년 11월 6~17일
- 전시시간: 오전 10시~오후 6시
- 전시장소: 한국근대문학관 기획전시실
- 전시자료: 사진 및 영상자료
- 전시내용
  - Section 1 침묵의 시간을 깨우다
  - Section 2 해체의 미학
  - Section 3 생명을 불어넣다
- 주최 및 후원: 주최 – 황순우, 후원 – 인천문화재단

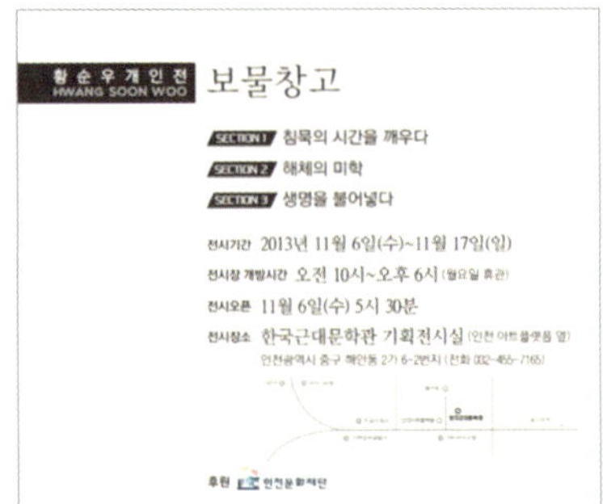

^ 황순우 개인전 – '보물창고' 포스터

④ 토요문화학교 특별기획전시

- 전시기간: 2013년 11월 30일~2014년 2월 23일
- 전시장소: 한국근대문학관 기획전시실
- 주최 및 후원: 문화체육관광부, 한국문화예술교육진흥원

^ '문학관에서 큐레이터가 되어 보자!' 포스터

⑤ 일본군 위안부 피해자 만화전 '지지 않는 꽃'

- 전시기간: 2014년 3월 5일~4월 30일
- 전시장소: 한국근대문학관 기획전시실
- 전시자료: 참여작가 17명, 작품 70점
- 주최 및 후원: 주최 – 인천광역시, 주관 – 인천문화재단, 한국만화연합,
  후원 – 여성가족부

일본군 위안부 피해자 만화전 '지지 않는 꽃' 포스터

⑥ 애니메이션 원화전 '노마야, 놀자'

- 전시기간: 2014년 5월 10일~6월 29일
- 전시장소: 한국근대문학관 기획전시실
- 전시자료: 애니메이션의 원화 40점 등
- 주최 및 후원: 인천문화재단 한국근대문학관

애니메이션 원화전 '노마야, 놀자' 포스터

⑦ 시, 큐레이터와 만나다

- 전시기간: 2014년 7월 26일~9월 30일
- 전시장소: 한국근대문학관 기획전시실
- 전시자료: 학생들의 창작작품
- 주최 및 후원: 인천광역시, 한국문화예술교육진흥원, 문화체육관광부

'시, 큐레이터와 만나다' 포스터

⑧ 인천문인단체전 '지금, 인천의 문학'

- 전시기간: 2014년 11월 8일~2015년 1월 18일
- 전시장소: 한국근대문학관 기획전시실
- 전시자료: 인천의 문인들이 만든 문학관련 잡지 · 자료
- 전시내용: 근현대 인천 문단의 형성 및 발전과 두 문인단체를 재조명하고 인천의 문학동인들을 소개하는 자리로 구성되었다. 1950년대부터 오늘날까지 인천에서 발행되었거나 인천의 문인들이 만든 문학관련잡지 · 자료들이 주전시자료들인 만큼, 인천 문학의 역사를 일별할 수 있는 자리이다. 특히 이번 전시를 통해 1920년대 후반 인천에서 발행된 「습작시대」 창간호(1927년 2월)가 일반에 최초 공개되었는데, 이 잡지는 현재 단 1권만이 확인된 매우 귀중한 자료이다.
- 주최 및 후원: 주최 – 인천문화재단 한국근대문학관,
  주관 – 인천문인협회, 인천작가회의

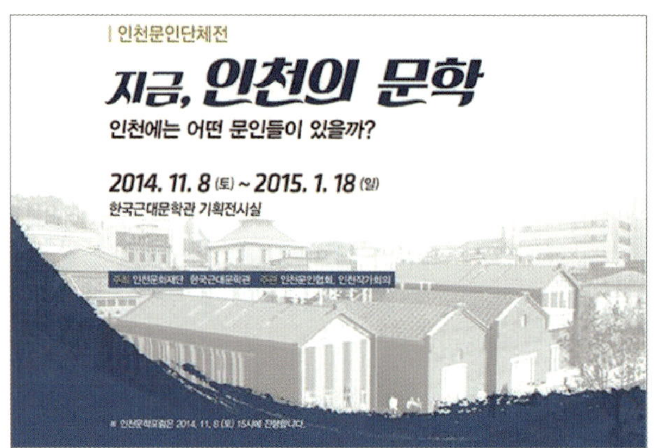

인천문인단체전 ‘지금, 인천의 문학’ 포스터

⑨ 한국화교생활사 사진전 ‘서랍 속에서 기억을 찾다’

- 전시기간: 2015년 1월 30일~3월 29일
- 전시장소: 한국근대문학관 기획전시실
- 주최: 인천문화재단 한국근대문학관, 인천대 중국학술원 공동주최

한국화교생활사 사진전 ‘서랍 속에서 기억을 찾다’ 포스터

2.3 작은 전시

① 1930년대 예술가들의 숨결이 담긴 김억의 『망우초』

- 전시기간: 2013년 9월 27일~12월 31일
- 전시장소: 한국근대문학관 로비
- 전시내용: 『망우초(忘憂草)』는 1934년 시인 안서(岸曙) 김억(金億)이 낸 한정판 번역시선집(한성도서주식회사 초판)이다. 책 뒷면의 판권지를 보면 '망우초'의 '호화판'이라고 소개하고 한정판으로 25부를 발행했다고 기록되어 있다. 시집 한 권 속에 그림 9점과 글씨 6점, 모두 15점이 수록되어 있으며 모두 당대를 풍미한 문인과 화가들(춘원 이광수, 상허 이태준, 석영 안석주 등)이 직접 책 낱장 위에 그리고 쓴 것이다. 당시 안서 김억 선생이 책을 갖고 여러 예술가들을 찾아다니면서 빈 지면에 하나씩 작품을 받은 것으로 보인다. 이 책은 1930년대 한국문학 및 미술계의 단면을 보여주는 귀중한 자료로 국내 유일본이다.

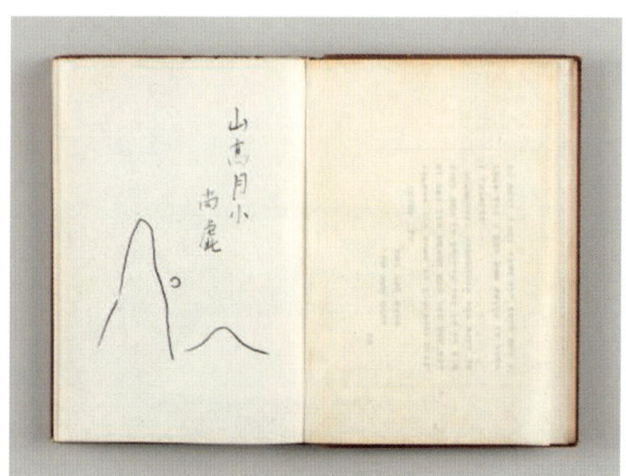

김억의 번역시선집 『망우초』

② 어린이를 독자로 한 최초의 월간지

- 전시기간: 2014년 1월 2일~3월 31일

- 전시장소: 한국근대문학관 1층 로비
- 전시내용: 「아이들보이」는 육당 최남선이 1913년 9월 창간한 월간잡지이다. 어린이를 독자로 한 최초의 월간지로, '아동잡지'란 말도 이 잡지에서 처음 사용되었다. 1914년 10월까지 총 13호가 발행되었으며, 매호 50쪽 분량이다. 이 잡지는 근대 잡지 중에서 가장 화려하고 강렬한 표지디자인을 특징으로 하는데, 조선왕실 최후의 화원(畵員)인 심전 안중식(1861~1919)의 작품이다. 옛날이야기와 우화, 교훈적이고 역사적인 이야기, 화보사진, 서양 동화 번역, 과학상식, 만화, 퀴즈, 독자투고 등이 주내용이다. 1910년대 출판문화나 한국근대아동문학 및 근대동화의 초창기 모습을 확인할 수 있는 귀중한 자료이다.

「아이들보이」 전시 모습

③ 광복 후 인천에서 발행된 향토월간지 「문학산」

- 전시기간: 2014년 4월 22일~6월 29일
- 전시장소: 한국근대문학관 1층 로비

• 전시내용: 「문학산」은 정부 수립 후 인천에서 발행된 향토월간지 창간호이다. 한국근대문학관에서 처음 공개하는 것으로, 그동안 전혀 알려지거나 전해진 바 없는 매우 희귀한 자료이다. 이 잡지는 '지역문화의 향상과 전통적 도의정신 함양'을 표방하며 창간되었으며, 인천의 연혁, 공업, 노동, 금융 등은 물론 정치, 문학, 철학, 보건위생, 외신, 경인철도 및 여객선 시간표 등에 이르기까지 다양한 내용을 담고 있다. 통권 몇 호가 발행되었는지는 확인할 수 없지만, 현재로서는 창간호가 곧 종간호가 된 것으로 보인다. 향토지라기보다 종합잡지체제인 이 잡지는 광복 후 1940년대 후반 인천과 국내외 여러 현실정보를 알 수 있는 귀중한 자료라 할 수 있다.

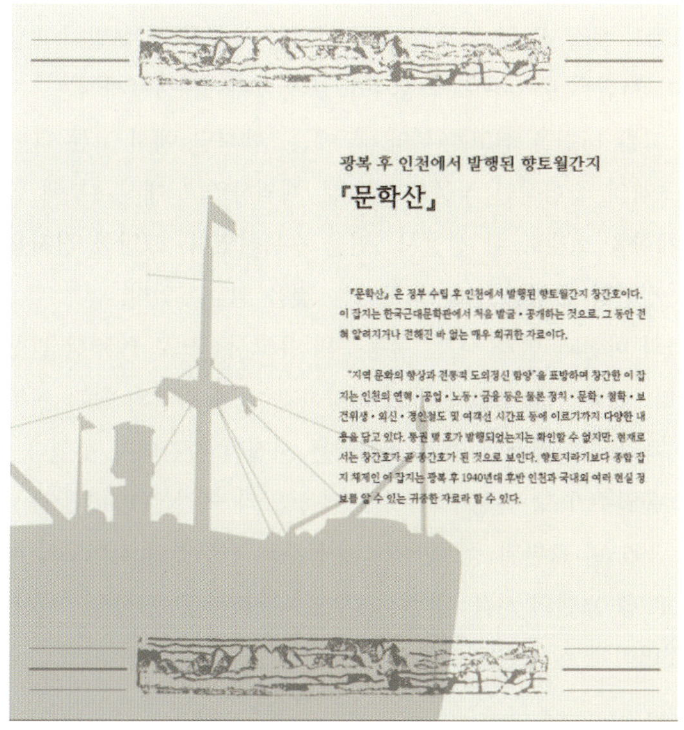

향토월간지 「문학산」 전시 안내

④ 한국의 대표 근대시인 – 김소월, 정지용, 윤동주

- 전시기간: 2014년 7월 1일~9월 30일
- 전시장소: 한국근대문학관 1층 로비
- 전시내용: 『소월시초』는 김소월 사후에 출판된 유고시집이다. 이 시집은 김소월의 평생의 스승이었던 김억이 엮은 것이다. 『소월시초』는 소월의 의도보다는 스승인 김억의 의도가 강하게 반영된 시집으로 알려져 있다. 시편 중 53편은 『진달래꽃』에 수록되었던 것들이며, 「팔벼개 노래조(調)」를 포함한 나머지 25편은 시인이 생전에 잡지 등에 발표한 것과 소월 사후에 김억이 정리한 유작의 일부로 이루어져 있다. 말미에는 김소월의 유일한 평론인 「시혼(詩魂)」이 수록되어 있다.

  『지용시선』은 해방 후 정지용이 『정지용시집』(1935, 시문학사)과 『백록담』(1941, 문장사) 등 두 시집에서 25편의 시를 직접 선별해 펴낸 시집이다. 이 시집은 총 6부로 구성되어 있다. 1부에서 4부까지는 『지용시집』에서 고른 14편을 싣고, 5부와 6부에는 『백록담』에서 고른 11편을 실었다. 초기의 실험적인 작품은 대부분 제외하였고 대신 4부에 종교(가톨릭) 체험을 소재로 한 신앙시 5편을 수록하였다. 그만큼 정지용에게 신앙이 정신적 구심점 역할을 했다는 것을 알 수 있다.

  『하늘과 바람과 별과 시』는 윤동주의 유고시집으로 1955년 간행된 재판본이다. 연희전문 시절 은사인 이양하가 일제 검열의 통과 여부를 걱정하여 출간을 만류해 시인의 생전에는 시집이 출판되지 못했다. 광복 후 동생 윤일주가 형 윤동주의 시 31편을 골라 초간본(1948년)을 간행하였으며, 1955년 출판된 증보판에는 윤동주의 친구였던 정병욱의 자문을 바탕으로 총 93편의 시를 실었다. 5부로 구성된 증보판에는 「서시」가 시집의 첫머리에 실려 있다.

'한국의 대표 근대시인 – 김소월, 정지용, 윤동주' 전시 안내

⑤ 일확천금의 도시 인천! – 춘원 이광수의 장편『재생』

- 전시기간: 2014년 10월 1일~12월 31일
- 전시장소: 한국근대문학관 1층 로비
- 전시내용:『재생』은 춘원 이광수가 1924년 11월 9일부터 이듬해 9월 28일까지 총 218회에 걸쳐 「동아일보」에 장백산인(長白山人)이라는 필명으로 연재한 장편소설이다.『무정』과『개척자』에 이은 3번째 장편소설로 삽화는 우리 근대 삽화의 선구자로 불리는 석영 안석주(1901~1950년)가 그렸다. 전시물은 이 작품이 처음 연재된 「동아일보」를 스크랩해 모아 놓은 것으로, 인천이 처음 등장하는 74회(1925년 1월 22일) 부분이다.

일확천금의 도시, 인천!

춘원 이광수의 장편 『재생』

춘원 이광수

『재생』은 춘원 이광수가 1924년 11월 9일부터 이듬해 9월 28일까지 총 218회에 걸쳐 〈동아일보〉에 장백산인(長白山人)이라는 필명으로 연재한 장편소설이다. 『무정』과 『개척자』에 이은 3번째 장편소설로 삽화는 우리 근대 삽화의 선구자로 불리는 석영 안석주(1901-1950)가 그렸다.

이 작품은, 돈과 사랑 사이에서 고민하다 결국 돈을 선택하는 여인과 돈으로 인해 사랑하던 애인에게 배신당한 남자가 훗날 부자가 되어 복수를 꿈꾼다는 내용을 가진 전형적인 통속 대중소설이다. 사랑과 다이아몬드 사이에서 결국 후자를 선택하고 사랑을 배신한다는 저 유명한 이수일과 심순애 이야기(『장한몽』(1913))의 이광수 식 버전이다.

이 작품에서 인천은 애인에게 배신당한 남자 주인공이 복수를 위해 일확천금을 꿈꾸는 곳으로 등장한다. 영원한 사랑을 맹세한 여인이 자신을 버리고 부자의 첩으로 가자 남자는 여인에 대한 복수, 즉 500만 원을 벌기 위해 인천에 내려와 미두중매소(오늘날의 증권회사)의 직원으로 취직하는 것이다. 현재 국민은행 신포동 지점 자리에 있었던 인천 미두취인소는 오늘날의 선물거래소와 같은 곳으로, 일제강점기 일확천금을 노린 사람들이 전국에서 몰려들던 곳이다. 이광수는 이 작품에서 인천과 미두취인소를 "거의 모든 계급, 모든 종류 사람들이 갑작부자를 바라고 사방에서 모여드는 곳"으로 그렸다. 또한 『재생』에는 월미도도 등장하는데, 월미도는 더위를 식히는 피서지이자 휴식을 취할 수 있는 곳으로 인상 깊게 묘사되어 있다.

일제강점기 미두취인소 전경(현 국민은행 신포동 지점)

미두취인소 내부 모습

미두취인소의 폐해를 지적하는 일제강점기 신문·잡지의 비판 기사들.

아래의 전시물은 이 작품이 처음 연재된 〈동아일보〉를 스크랩해 모아 놓은 것으로, 인천이 처음 등장하는 74회(1925년 1월 22일) 부분이다.

춘원 이광수의 장편 『재생』 전시 안내

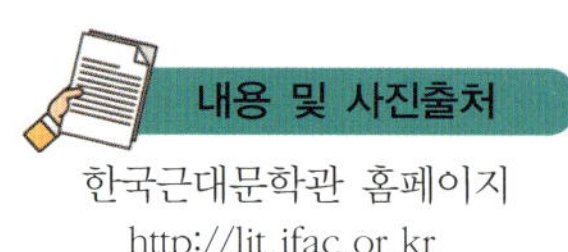
내용 및 사진출처

한국근대문학관 홈페이지
http://lit.ifac.or.kr

| 저자약력 |

노영희

[약력]

연세대학교 문헌정보학과 정보학 박사
한국과학기술연구원(KIST) 자료실 연구원
한국정보공학(KIES) 정보검색엔진개발팀 팀장
이화여대 국제정보센터 자료실장
학술상(2009) 및 건국학술대상(2013) 수상
2013 Marquis Who's who in the world에 등재
현) 건국대학교 문헌정보학과 교수
지식콘텐츠연구소 소장

[주요 저서 및 논문]

인문과학과 예술의 핵심 지식정보원
한국문헌정보학 교과과정
개념기반 정보검색 기법
메타데이터의 이해
건강정보 지식정보원 시리즈
국제기구 지식정보원 시리즈
A Study on Automatic Text Categorization of Internet Documents
A Study on the Estimation of Performance of Concept-Based Information Retrieval Model Using the Web
기계학습 기반 피드백 과정을 통한 SDI 시스템의 성능향상에 관한 연구
The Impact of University Library Resources on University Research Achievement Outputs
A Study on the Next-Generation Digital Library using Context-Awareness Technology
The Development and Performance Measurements of Educational Programs to Improve Consumer Health Information(CHI) Literacy 외 150여 편 저술

강정아

[약력]

연세대학교교육대학원 교육행정전공 교육학석사
건국대학교 대학원 문헌정보학과 박사과정 수료
현) 제천기적의도서관 관장
건국대학교 문헌정보학과 겸임교수
북스타트코리아 상임위원
전국어린이서비스협의회 운영위원

[주요 저서 및 논문]

경기도서관총서 No.9 도서관의 첫 발걸음, 영·유아 서비스(공저)
공공도서관의 영아 대상 서비스 실태 및 북스타트를 통한 서비스 확대 가능성 연구(공저)
읽기부진아를 위한 체험형 독서프로그램 설계: 방법 및 효과(공저)
공공도서관에서의 향토문화콘텐츠 활성화 방안에 관한 연구(공저)
정책정보멘토링서비스 운영모형 개발에 관한 연구: 국립세종도서관을 중심으로(공저)
정책정보자원의 협력적 구축 및 정책정보전문사서 양성 방안에 관한 연구(공저)
정책정보멘토링서비스 수요분석 및 활성화방안 연구(공저)
공공도서관 무한창조공간 프로그램과 창의성간의 관계에 대한 질적 평가 연구(공저)

박찬희

[약력]

충청남도교육청 공공도서관 재직
충청남도교육청 웅천·보령·금산도서관장 역임
금산기적의도서관 건립 추진위원 역임
보령지역 향토자료수집추진위원회 역임
충남사서직연구동아리 가치창조 회장 역임
금산군 지역사회청소년통합지원체제 위원 역임
현) 충청남도남부평생학습관 평생학습부 실장
논산시 지역사회보장협의체 위원
충청남도교육청 소속 도서관발전연구회 사무국장

박현주

[약력]

인천광역시교육청 공공도서관 재직(1984년~현재)
인천시 부평구도서관 건립 자문위원 역임
인천시 남구학나래도서관 운영위원장 역임
인천 서구구립도서관 운영위원 역임
인천 연수청학(연수구립)도서관 운영위원 역임
인천 연수구 어린이·청소년 북페스티벌 추진위원 역임
현) 인천건축재단 이사
인천광역시 화도진도서관 열람봉사과 과장

향토문화콘텐츠와 도서관

2016년 2월 10일 1판 1쇄 인쇄
2016년 2월 15일 1판 1쇄 발행

저 자 | 노영희 · 강정아 · 박찬희 · 박현주
발행인 | 이수영
발행처 | 도서출판 청람
서울시 마포구 독막로 288(대흥동, 세양상가 109호)
전 화 | 02)3272-2601(대)~2
팩 스 | 02)3272-2603
홈페이지 | www.crbooks.co.kr
이메일 | crbooks@hanmail.net
등 록 | 2000년 8월 26일 제6-0509호

ISBN 978-89-5972-494-9 93020 [정가 23,000원]